경기의 얼
여성독립운동가
40인의 삶

이윤옥 지음

도서출판 **얼레빗**

《경기의 얼, 여성독립운동가 40인의 삶》을 펴내며

이 책은 경기도 출신 여성독립운동가 40인을 취재한 기록이다. 이분들은 국가보훈처로부터 독립유공자로 포상을 받았지만 그 행적은 잘 알려지지 않았다. 1910년 8월 29일, 나라를 일제에 강탈당하자 여성들은 국내는 물론이고 일본, 중국, 하와이, 미국 본토, 러시아, 멕시코 등지에서 분연히 일어났다. 경기도 연천 출신의 조순옥 지사와 같은 분은 여자광복군으로 뛰어들었고, 개성 출신의 심영식 지사는 앞을 못 보는 신체적인 어려움 속에서도 3·1만세운동에 적극 가담했는가 하면 수원 출신의 기생 김향화 지사는 동료 기생 33명을 이끌고 만세운동에 뛰어들었다.

이처럼 경기도 출신으로 독립운동에 뛰어든 여성독립운동가들의 삶을 추적하기 위해 필자는 지난 10여 년 동안 그 어디든 달려갔다. 경기도 출신이라고 해서 모두 경기도에서 독립운동을 한 것은 아니다. 광주의 슈바이처로 불리는 현덕신(1896~1962) 지사의 경우는 수원 출신이지만 전라도 광주에서 활약했다. 그런가 하면 쉰한 살의 나이에 일본 순사를 흠씬 두들겨 팬 김유의(1869~1947) 지사의 경우는 강화 출신이다. 또한 수원출신으로 미국으로 건너가 억척스레 돈을 모아 상해 임시정부에 독립자금을 댄 차인재(1895~1971) 지사가 있는가 하면, 만주의 어머니라 불리는 정현숙(1900~1992) 지사는 용인출

신으로 드넓은 만주지역에서 활약한 분으로 이들의 발자취를 찾아다
닌 시간은 힘들었지만 참으로 값진 나날이었다.

"3월 1일, 왼손에 태극기 오른손에 독립선언서로 시위 행렬의
앞에 서서 돌진하던 한 처녀는 적의 칼에 두 손이 끊기었다. 이
것이 독립운동의 첫 피다. 대한독립을 위한 첫 피는 대한여자에
게서 흘렀다. 대한의 여자는 비밀문서 인쇄, 등사, 배포와 통신
의 대부분을 여자의 손으로 완성했다. 작년 2월 동경과 상해로
부터 홀연히 고국에 돌아온 몇 명의 여자 애국자는 부산에서 의
주까지, 목포에서 함흥까지 날아다니며 4천 년간 침묵하였던 대
한의 천만 여성에게 조국을 위하여 일어날 때가 당도하였음을
고하였고 일단 대한독립만세 소리가 일어나자 그네는 분연히
깊은 규방의 문을 차고 태극기를 두르고 나섰다."

이는 1920년 2월 17일치 〈독립신문〉의 '부인과 독립운동'에 나오는
여성독립운동가에 대한 글의 일부다. '대한독립을 위한 첫 피는 대한
여자에게서 흘렀다'라는 말에서 나도 모르게 불끈 주먹을 쥐어 본다.
그랬다. 선열들이 이룩한 광복은 거저 얻은 것이 아니다. 선열들이 흘
린 '붉은 피' 속에 핀 한 떨기 꽃으로 승화한 '광복'이야말로 일제의
간악한 식민통치 시절 선열들이 꿈에도 그리던 희망이요, 삶의 목적
이었다.

특히 여성독립운동가들의 삶은 그동안 많이 알려지지 않았다. 굳이
남성들과 어깨를 나란히 하고 일제와 투쟁했노라는 말은 하지 않겠
다. 다만, 지금은 고인이 된 이병희(1918~2012) 지사께서 글쓴이의
손을 꼭 잡고 신신당부하던 말을 전하고 싶다.

"우리들이 조국의 독립을 위해 뛴 열정과 헌신을 부디 잊지 마십시오."

그렇게 한국 여성들은, 열정적으로 총칼을 든 일제 헌병 앞에서 용감하게 만세운동에 앞장섰을 뿐 아니라 학생, 기생, 노동자, 해녀, 교육자, 광복군 등 신분과 직책을 가리지 않고 맡은 자리에서 독립운동에 뛰어들었다.

이 책은 용감한 불굴의 정신과 얼을 후대에 남긴 여성독립운동가 가운데 특별히 경기도 출신 여성독립운동가만 골라서 엮은 것이다. 내가 사는 경기도의 인구가 1,370만 명(2020년 3월 말 현재)이 넘는다. 많은 인구가 으뜸 도시를 만드는 것이 아니라 국난을 극복한 '독립정신'을 가슴에 새기는 사람이 많을수록 '으뜸 도시'가 되는 것이리라.

부디 이 한 권의 책이 경기도 출신 여성독립운동가들의 얼과 삶을 기억하는 책으로 남게 되길 빈다.

3·1만세운동 101돌, 3월 1일 아침
한뫼골에서 이윤옥 씀

1. 이 책에서 다룬 여성독립운동가는 국가보훈처 공훈전자사료관의 독립유공자공적조서에서
   다룬 1949년부터 2020년 3월 1일까지 포상자를 대상으로 '경기도 출신 독립유공자 50인'
   중에서 선정한 분들이다. (단, 배화여학교처럼 한 학교에서 한꺼번에 6명이 포상된 경우는
   대표 인물 한 분만을 다루고 나머지 분에 대해서는 개략적인 사항만을 기록하였다. 원래는
   제목을 "경기의 얼, 여성독립운동가 50인의 삶"으로 하고 싶었으나 부득이 "경기의 얼,
   여성독립운동가 40인의 삶"으로 정한 것은 자료 부족 때문임을 밝힌다.)

2. 여성독립운동가들의 활동은 국가보훈처 공훈전자사료관의 '운동계열'을 참조하여 다음과
   같이 분류했다.
   : 학생운동, 3·1만세운동, 국내항일, 광복군, 미주방면, 중국방면

3. 지명은 한자발음으로 하고 인명은 괄호 속에 한자음을 넣었다.
   : 상하이→상해, 도쿄→동경, 장개석→ 장제스(장개석)

4. 판결문의 대정 8년, 소화 5년 등은 다음과 같이 표기했다.
   : 대정 8년 → 1919년(대정 8년) 또는 1919년처럼 서기로만 표기했다.

5. 경성(京城), 생도(生徒), 간호부 등
   경성은 경우에 따라 경성 또는 서울로 하고, 생도의 경우는 인용문에서는 생도로 하고
   나머지는 학생으로 표기하며, 간호부는 간호사 등으로 표기했다.

6. 이 책에 나오는 사진은 필자가 직접 가서 찍거나 후손으로부터 받은 것, 국가기록원, 국가
   보훈처 등에서 제공받은 것임을 밝혀둔다.

제1장

학생운동으로 저항한
여성독립운동가

1. 숙명여고보 만세시위에 앞장서다
퇴학당한 "윤을희"

경기도 여주군 점동면 사곡리 출신인 윤을희(尹乙姬, 1911 ~ 모름) 지사는 1930년 1월 15일, 숙명여자고등보통학교(이하 숙명여고보) 재학 중 광주학생운동에 동조하는 만세시위에 가담했다가 졸업을 못하고 퇴학당했다. 이날 만세시위에 함께한 급우들은 박선봉(19살), 조종옥(18살), 한소애(19살), 천소악(18살), 이동화(21살)였는데 이 가운데 윤을희와 조종옥, 박선봉이 퇴학당한 것이다.

1930년 3월 29일치 〈매일신보〉에 따르면 광주학생운동(일제는 학생소요사건이라 부름)으로 퇴학처분을 받은 학생들은 경기 관내에서 무려 19개 학교 232명에 달한다고 했다. 일제는 이들을 가리켜 '가장 몹쓸 불순분자'로 다뤘다. 그 가운데 숙명여고보생 윤을희 지사가 있었다.

남학교는 경성제일공립보통학교를 비롯하여 중앙, 송도, 의신, 양정, 보성, 휘문, 선상, 중동, 경성제일농업학교 출신이 많았고 여학교는 윤을희 지사가 다니던 숙명여고보를 비롯하여, 경성여자상업, 호수돈, 경성공립, 인천공립, 개성공립여학교 출신자들의 퇴학 처분이 많았다.

서울지역 여학생들이 광주학생운동에 적극적으로 뛰어든 계기를 만든 사람은 근우회 출신 박차정 지사다. 박차정 지사는 1929년 10월 30일 나주역에서 일본인 남학생이 여학생의 댕기머리를 잡아당기고 희롱한 사건을 보고 "남학생들이 들고일어나 투쟁하는 판에 여학생들이 가만히 있을 수 없다"고 판단하여 서울지역 11개 학교인 숙명여고보, 여자미술, 진명, 경성여고보, 이화, 동덕, 배화, 정신, 경성여자상업, 근화, 실천여학교 대표들을 직접 만나 시위에 동참할 것을 의논한 결과 1930년 1월 15일 대규모적인 여학생들의 참여를 끌어냈다.

학생소요로 퇴학 처분 받은 기사(매일신보.1930.3.29.)

광주학생운동 이전에도 숙명여고보에서는 일제의 교육정책에 항의하는 시위를 자주 열었는데 특히 손꼽히는 시위는 1921년 5월 25일, 숙명여고보 학생 400여 명이 학교 당국에 불만을 품고 ▲ 나카지마(中島) 사감 면직 ▲ 사이토(齋藤) 교무주임 사퇴 ▲ 생도 대우 개선 ▲ 조선 재봉 선생 임명 ▲ 조선인 선생 채용 증가 ▲ 인격 선생 대우 개선 등 요구안을 제출한 뒤 다음날일 26일에 일제히 동맹휴학을 단행한 일이었다. 이 당시 숙명여고보는 조선인이 경영하고 있었으나 교원 채용 등 모든 교육정책을 일본인들이 독점했을 뿐 아니라 기숙사 사감까지도 일본 여자를 두는 바람에 조선 가정의 풍속도 잘 모르는데다가 조선 재봉 시간에 일본인 교원이 가르치는 등 일반 학생들의 불만은 산처럼 쌓여가던 참이었다. 전 교원 20명 가운데 조선인 선생은 겨우 5명에 불과했으며 인격적 대접도 해주지 않는 사실에 대해 학생들은 분개하기 시작했다. 일찍이 숙명여고보 학생들의 이러한 실천적인 저항정신은 광주학생운동 동조 시위에서도 유감없이 발휘되었다.

윤을희 지사 등 숙명여고보 퇴학생 명단이 보인다.(매일신보.1930.3.29.)

1930년 1월 15일, 숙명여고보를 포함하여 경성 시내 여학교 학생 약 2천여 명이 벌인 만세시위에 대하여 '고등법원검사국사상부'에서는 극비문서로 〈경성시내여학생만세소요사건〉이란 문서를 만들었다. 이 문서에는 학교명과 학생 총수, 시위 가담자수, 학교의 처분 등이 자세히 기록되어 있다.

이 문서에서 만세시위에 가담한 학생을 보면 숙명여고보가 406명으로 가장 많다. 다음이 이화여고보(310명), 경성여자상업학교(282명), 근화여학교(265명), 동덕여고보(190명) 순이다. 이 숫자는 각 학교의 학생 총수이자 만세시위자 수이기도 하다. 이 가운데 경성여자미술학교는 학생 총수 48명 중 28명이 가담하였고, 태화여학교는 103명 가운데 20명이 만세시위에 가담했다.

다음은 1930년 1월 24일에 "경성서대문경찰서'에 잡혀간 윤을희 지사의 신문(訊問) 내용이다.
이 재판 기록이 윤을희 지사의 유일한 자료이므로 내용이 길지만 원문 그대로 싣는다.

문: 성명, 연령, 신분, 직업, 주거, 본적지는 어떠한가?
답: 성명은 윤을희(尹乙姬), 연령은 당 20세, 신분은 양반, 직업은 학생, 주거는 경성부 간동 97번지 8호, 본적은 경기도 여주군 점동면 사곡리 179번지
문: 작위, 훈장, 기장을 소유하며 연금, 은급을 받거나 또는 공무원이 아닌가?
답: 해당 사항 없다.
문: 지금까지 형사처분, 기소유예 또는 훈계방면을 받은 일이 없는가?
답: 해당 사항 없다.

문: 교육 정도 및 종교, 병역은 어떤가?
답: 경성여자공립보통학교를 졸업하고 사립 숙명여자고등보통학교에 입학하여 현재 동교 제 4학년에 재학 중이다. 종교, 병역은 관계없다.
문: 가족 및 생활 상황은 어떤가?
답: 부 윤하영, 모 이휘, 오빠 정섭, 올케 정태숙, 조카 국로를 포함

하여 여섯 식구다.

부친은 원래 가평군수였다. 현재 부친의 재직 당시 저금과 은급을 받아 겨우 살아가고 있다.

이 때 피의사건을 알리고 그 사건에 대하여 진술할 것을 물은 바 피의자는 다음과 같이 답하다.

답: 금년 1월 14일 내가 통학하는 숙명여자고등보통학교에서 방과 후 즉, 그 날 오후 12시 30분 경 동급생 조금옥이 나에게 '너의 집에 빈방이 있나?'고 묻기에 우리집에 빈방은 없지만 지금 내가 시험 준비하고 있는 나의 친척집인 경성부 소격동 86번지에는 빈방이 있다고 하였더니 조금옥은 나에게 '그러면 오늘 잠시 학교에서 만세실행 협의를 하려고 하니 그 방을 잠시 빌려 달라'고 해서 나도 그 상의에 찬동하고 방을 빌려줄 것을 승낙하였다. 그리하여 나는 먼저 그와 헤어져서 나의 친척집에 가서 잠시 기다리고 있었던 바, 조금옥은 다시 동급생 8명과 동교 3학년에 재학 중인 한 사람과 어떤 남학생 한 사람 등 모두 11명 정도가 내가 있는 곳으로 찾아왔기 때문에 나는 그들을 예정하여 둔 빈방으로 안내하여 주고 밖에서 잠시 이야기하고 있었는데, 앞서 말한 남학생이 이번 시험이 끝나면 숙명에서도 만세시위 실행을 해야 한다고 하였고, 또 동급생 중의 누군가 시험은 금월 17일까지 끝나므로 다음 18일에는 만세를 결행하자는 의견을 말하면서 상의하고 있었는데 도중 그 남학생은 동급생인 박선봉과 조금옥에게 '오늘 밤 가회동에서 시내 각 여학교 대표들이 모이므로 그 회의에 참석하여 달라'하면서 즉시 같이 가자면서 강요하기에 일동은 이에 찬성 후 그 남학생과 함께 가회동으로 갔다. 그곳에는 마침 여자상업 생도 3~4명이 있었다. 그곳에서 잠시 기다리고 있으니 역시 먼저 남학생이 말한 대로 시내 각 여학교

생도들이 찾아와서 집합하기 시작하였다. 그때 집합한 학생은 15명 정도였으나 그 남학생이 사회자가 되어 내일 아침 즉 금년 1월 15일에는 시내 각 학교에서 일제히 만세를 부르며 시위행렬을 하고 그로써 광주학생사건을 동정하자고 상의 후 우리 숙명여고보와 인접한 중동학교가 선두에서 행렬을 만들어 숙명교문까지 마중을 갈 것이니 그때 일제히 만세를 부르면서 교문을 나와 중동과 함께 종로4가까지 오라는 의뢰에 따라 우리들은 학교에 대한 책임을 질 것이라고 승낙하고 중도에서 집으로 돌아와 익일 아침을 기다려 평소와 같이 등교하여 전 생도에 대하여 오늘 아침 9시 반경 중동학교 생도들이 우리 학교 교문 앞에 와서 만세를 부를 것이므로 그때 우리들은 일제히 만세를 부르면서 교문을 나와 행렬을 만들어 중동생도들과 같이 종로4가로 나갈 것을 일반에게 선전한 일이 있다.

문: 그대는 무슨 목적으로 조금옥에 대하여 방을 빌려 줄 것을 승낙했는가?

답: 조금옥의 취지에 찬동하여 빌려 주었다.

문: 조금옥의 취지란 무엇을 의미하는가?

답: 우리 학교에서 생도들이 만세를 고창하면서 시위행렬을 실행하는 계획을 협의함이다.

문: 그러면 그대가 그 계획 협의에 찬동하였다는 것이로군.

답: 그렇다.

문: 조금옥이 다수 학생을 데리고 그대 친척집에 왔다고 하였을 때의 시간은 언제인가?

답: 금년 1월 14일 오후 2시경이었다.

문: 조금옥이 데려왔다고 하는 학생은 누구인가?

답: 동급생 조종옥, 김순남, 박선봉, 최연실, 김윤정, 박기숙, 이경

희, 권매희, 동교 3학년 한 사람(성명 미상자) 외에 남학생으로는 휘문고보의 교모와 교복차림 한 사람이었다.

문: 그 남학생의 성명은?

답: 휘문고보 5학년에 재학 중인 장홍염이라고 하였다.

문: 그대의 집에서의 협의 내용을 말하라.

답: 당시 회합 석상에서 장홍염이 말하기를 '광주학생사건에 대해서는 조선 전역에서 동정적 시위운동을 하지만 숙명서는 그에 동정하는 시위운동을 하지 않을 예정인가?' 하고 일동에게 강요하므로 일동은 입을 열면서 '시험을 끝내고 결행한다' 하니 그는 이어서 그러면 시험은 언제 끝나느냐 물으므로 금월 17일까지는 전부 끝나므로 금월 18일경은 꼭 실행할 것이라고 상의하였다.

문: 그러면 그 석상에서 그대도 숙명에서의 선동 책임을 졌는가?

답: 일동은 하나같이 말하므로 물론 나도 숙명생도들을 선동할 것을 책임졌다.

문: 그대의 집에서 앞에서 말한 남학생 장홍염과 동행하여 가회동으로 갔을 때의 시간은 언제인가?

답: 그 날 오후 3시경으로 기억하고 있다.

문: 그러면 그대의 집에 집합한 숙명생도들이 전부 남학생 장홍염과 함께 가회동으로 갔는가?

답: 장홍염과 같이 가회동으로 간 학생은 동급생 박선봉, 조금옥과 나 세 사람이 갔다.

문: 그러면 가회동에 간 사람은 숙명생도 세 사람 뿐인가?

답: 가회동에 가서 박선봉이 밖에 나간 잠시 후 동급생 김경선을 데려와서 회의에 참석시켰으므로 그 회의 석상에서의 숙명생도는 모두 4명이 된다.

문: 그대들이 집합했다는 것은 가회동 누구의 집인가?

답: 번지는 모르겠으나 아마 여자상업학교 생도 송모의 집 같았다.

문: 그대가 갔을 때는 그곳에 몇 사람 정도 집합하여 있는가?

답: 그곳에 도착했을 때는 여자상업 생도는 세 사람 밖에 없었다.

문: 그대가 그곳에 가서 잠시 후 몇 명 정도 모였는가?

답: 확실한 수는 알 수 없으나 잠시 후 남학생 두 사람이 또 왔다. 그리하여 다른 여학교 생도는 전부 14~5명 밖에 없었다.

문: 그러면 그것을 각 여학교 별로 말하라.

답: 가회동에 내가 가고부터 잠시 후 도착한 남학생 두 명은 모두 휘문교복을 입고 있었으므로 아마 휘문생도인 것으로 생각되고 그리고 여학생 쪽은 이들을 구별하면, 동덕교생 안갑남 외 1명, 근화교생 2명, 여고보 1명, 여상교생 송 외 2명, 숙명교생 4명, 진명은 먼저 왔다가 귀가하였다고 한다.

문: 그러면 그 석상에서의 협의 내용을 말하라.

답: 장흥염이 사회자가 되었다. 내일 아침 9시 반을 기하여 시내 각 여학교에서 일제히 광주학생사건 동정시위 운동을 하려고 하지만 각자 교내에서의 생도 선동의 가부를 설명하여 그 확답을 해 달라면서 각자의 교정에 집합하여 행렬을 만들어 만세를 고창하면서 종로4가로 일제히 집합하라 하고 또 숙명에서는 내일 아침 중동학교 생도 전부가 교문까지 마중하러 갈 것이니 그 시각을 기다려 일제히 교문을 나와 중동생도들과 함께 행렬을 만들어 종로4가로 나오라면서 나에 대하여 자기 학교 생도의 선동 책임을 져달라고 강요하였다.

문: 숙명서는 장흥염에 대하여 각자의 교내에서의 생도 책임을 진다는 뜻을 확답했는가?

답: 4명 모두 한 입으로 장흥염의 물음에 확답하였다.

문: 당시 타학교 생도들의 장홍염에 대한 각자 학교에서의 책임을 진다는 뜻의 대답 상황을 상세하게 말하라.

답: 동덕여고의 안갑남이 그 책임을 담당한다는 뜻을 장홍염에게 확답하였고, 근화교도 여자상업도 모두 선동책임을 지겠다는 뜻을 확답하였으나 여자고보만이 자기 학교에서는 그럴 희망이 없다는 뜻을 회답하였다.

문: 늦게 왔다는 휘문 남학생 2명은 무엇을 했는가?

답: 한 학생은 얼마안되어 밖으로 나갔고 한 사람은 열심히 장홍염과 무언가 밀담하고 있었다.

문: 그대는 장홍염과 면식이 있는가?

답: 조금옥이 나의 집에 데리고 왔을 때 처음 만난 사람이다.

문: 가회동에서 산회한 시간은 언제인가?

답: 그 날 오후 6시 반경이었다.

문: 그러면 가회동 송의 집에서는 결국 몇 시간 협의를 했는가?

답: 약 3시간 정도였다고 생각된다.

문: 그러면 그대는 실제에서 숙명생도들을 선동했는가?

답: 전날 밤 장홍염의 말대로 1월 15일 아침 등교하여 교실에서 동급생들에게 '금일 오전 9시반경 중동학교 생도 전부가 만세를 부르면서 행렬을 만들어 우리 학교 문전까지 마중 오게 되어 있으니 숙명생 전부는 일제히 만세를 부르면서 교문을 나와서 그로부터 시위행렬을 만들어 종로4가까지 나갈까?' 하고 일반에게 선동, 일반 생도들로부터 찬성의 뜻을 얻어 중동생도들을 기다리고 있었다.

문: 중동교 생도들이 실제 나왔는가?

답: 오지 않았다.

문: 무엇 때문에 오지 않았는가?

답: 당일 중동생도들이 우리 학교를 향하여 오는 도중 전부 경찰관에게 압송당한 것 같았다. 그래서 숙명에서는 중동생이 압송당하였으므로 실패로 끝났다면서 비관하였다.

문: 중동생들이 오지 않는다 해도 숙명만이 한다면 어떤가?

답: 최초의 계획이었으므로 그런 중대사를 경솔하게 나올 수는 없었다.

문: 그대가 숙명에서의 전생도의 선동 상황을 말하라.

답: 생도 전체에 대하여 여러 사람 앞에서 이를 선동한 바, 그 중에는 불순분자들이 섞여 있으므로 나는 그들의 눈을 피할 수단으로 2명 혹은 3명을 데리고 교실에 가서 난로 옆에서 그 취지를 선전하여 전 생도들을 찬동시켰다.

위(내용을) 본인에게 읽어 들려주었더니 틀림없다는 뜻을 말하고 다음에 서명 무인하다.

공술자   윤을희

작성일   소화 5년 1월 24일(1930년)

경성서대문경찰서

신문자   사법경찰관 사무취급 도순사 김영호

입회인   사법경찰리(司法警察吏) 도순사 와타나베시게루(渡邊茂)

(서울여학생동맹휴교사건, 재판기록, 한민족독립운동사자료집 5권 참조)

위 신문을 통해서 숙명여고보 윤을희 지사 등은 휘문, 중동 등의 남학교와 근화여학교 등의 학생들과 함께 만세시위에 참석하고 있음을 알 수 있다. 그러나 당시 경성에서 학교에 다니고 있던 2천여 명의 여학생들이 광주학생운동에 동참하게 된 계기를 말할 때 빼놓을 수 없는 인물이 있다. 바로 박차정 의사다.

※ 윤을희 지사 2019년 대통령표창, 박차정 의사 1995년 독립장 추서

광주학생운동을 서울지역 여학생들과 이어준
박차정 의사 생가를 찾아서

햇볕 따스한 2019년 5월 4일 오후 2시, 칠산동(새주소: 동래구 명륜로 98번
길)에 자리한 박차정(1910.5.7. ~ 1944.5.27.) 의사 생가를 오랜만에 다시 찾
아 툇마루에 앉았다. 오월의 부드러운 햇살이 솜털 같다. 마침 이 자리에
는 문화해설사 주용돈 선생이 나그네를 반갑게 맞이한다. 올해 나이 80
살이 믿기지 않을 만큼 정정한 주용돈 선생은 박차정 의사 일가의 독립운
동사를 마치 한 편의 영화를 보는 듯 들려준다.

박차정 의사 생가 전경

"박차정 의사의 아버지는 일제 침략에 항거하여 자결한 분입니다. 또한 오라버니 박문희(2018. 애족장)선생도 고향에 있을 때는 동래청년연맹 집행위원(1925)과 신간회 상무위원(1929) 등으로 활동한 분입니다. 그 뒤 1932년 8월 중국 남경에 있던 김원봉으로부터 남경군관학교 훈련생 모집을 요청받고 국내로 들어와 경상도와 경기도 일대에서 훈련생을 모집하는 등 독립운동을 하셨지요. 박차정 의사도 결국 오라버니가 중국으로 불러서 그곳에서 활동하시게 됩니다."

주용돈 선생의 이야기는 이어졌다.

"그러한 집안에서 자랐으니 의당, 독립정신이 몸에 배었을 것입니다. 박차정 의사는 동래 일신여학교(현 동래여고) 3학년 때 만세운동에 뛰어들었으니 지금으로 말하면 운동권 학생인 셈이지요. 전시장 안을 보시면 자세한 활동사진과 기록들이 있습니다."

'전시장'이라고 했지만 작은 방 두 개가 전부다. 이곳이 박차정(1995. 독립장) 의사 생가였던 만큼 큰 공간은 기대하기 어렵지만 유관순 열사처럼 독립장(2019년 대한민국장을 새로 추서받음)을 받은 의사(義士)를 기리는 공간으로는 협소하고 어설퍼 보인다. 생가로 들어가는 골목은 주차는커녕 사람 하나 들어가기도 비좁다. 원래 마을 안에 있던 생가이므로 어쩔 수 없는 상황이겠지만 들어가는 입구에 불필요한(?) 벽돌담만이라도 헐어냈으면 싶은 생각이다.

유관순 열사의 경우 생가가 따로 있는 데다가 기념관이 별도로 있지만 박차정 의사의 경우는 생가를 겸한 전시 공간이라 더욱 초라해 보인다.

"박차정 의사 동상을 보십시오. 박 의사는 총을 들고 있습니다. 무기를 들고 활약한 분들은 의사(義士)십니다. 안중근 의사, 윤봉길 의사처럼 말이지요. 박차정 의사는 여자지만 당당한 의사입니다. 유관순같이 무기를 들지 않고 독립운동을 하신 분들은 열사(烈士)지요. 저는 알기 쉽게 여기 찾아오는 학생들에게 이렇게 설명해줍니다. 주말이면 많은 학생들이 찾아옵니다."

박차정 의사 생가 간판(왼쪽), 오른쪽은 생가 입구인데 한 사람이 겨우 드나들 정도로 좁다. 입구에 담장은 공터와 물려있어서 사적인 토지 문제가 아니라면 헐어서 조금 입구를 넓히면 좋겠다. 꽃그림으로 그린 담장 옆 좁은 길로 들어서면 박차정 생가가 나온다.

주용돈 해설사의 말이다. 그는 올해 1년 동안 박차정 의사 생가에서 해설사로 일한다고 했다. 15살이던 박차정 의사는 동래 일신여학교(현, 동래여고) 재학 중 조선청년동맹 동래지부 집행위원장인 숙부 박일형의 권유로 조선청년동맹에 가입하였고 이후 근우회, 동래노동조합 조합원, 신간회 동래지회 회원 등으로 왕성한 활동을 펼쳤다. 1929년 3월 일신여학교를 졸업한 뒤, 7월 서울 수운회관에서 열린 근우회 제2회 전국대회에 동래지부 대의원 자격으로 참석하여 근우회 중앙집행위원으로 선임되는 등 서울에서 두각을 나타냈다.

박차정, 김원봉 부부 독립운동가(박차정의사생가 제공)

그뿐만 아니라 1929년 9월에는 조사연구부장, 상무위원, 선전 및 출판부장 등의 직책을 맡아 여성들의 민족운동 활성화에 적극적으로 뛰어들었다. 박차정 의사는 그해 11월 광주학생운동이 일어나자 12월에, 근우회 중앙간부들과 함께 숙명여학교 등 서울 시내 소재 11개 여학교 대표와 만나 광주학생운동 동조 시위를 주도하여 전국적으로 반일학생운동으로 확산시켜 나갔다. 그러나 이 일로 일경에 잡혀 혹독한 고문을 당하게 된다.

"박차정 의사는 중국으로 건너가기 전, 국내 활동을 하다가 잡혀 거의 죽음에 이르는 고문을 당하셨습니다. 1930년, 먼저 중국에 가서 독립활동을 하던 오라버니 박문희의 부름을 받고 중국으로 건너가 1931년 의열단장 김원봉을 만나 혼인하고 의열단 단원으로 활동하셨지요."

박차정 의사는 이후 1932년, 의열단이 한중연합 항일투쟁의 하나로 장제스(장개석)의 도움을 받아 남경에 자리잡은 중국중앙육군군관학교 교외에 조선혁명군사정치간부학교를 설립하자 제1기 여자부 교관으로 뽑혀 사관생도 양성을 담당하였다. 1935년 6월에는 민족혁명당 부녀부(婦女部) 주임, 1936년 7월에는 남경조선부인회를 조직하여 민족의식을 높이는 일에 뛰어들었다.

또한 1937년 11월 의열단의 한중민족연합전선의 일원으로 대일본 라디오방송 선전활동을 폈으며 1938년 4~5월 무렵에는 기관지 〈조선민족전선〉에 '경고, 일본의 혁명대중', '조선부녀와 부녀운동'이라는 글을 투고하여 무장궐기를 촉구하였다.

그 뒤 박차정 의사는 1938년 10월 조선의용대가 창설되자, 조선의용대 부녀복무단을 조직하고 단장으로 뽑혀 항일무장투쟁에 참여하다가 1939년 2월 강서성 곤륜산에서 일본군을 상대로 전투를 하던 중 부상을 당하였다. 그러나 병이 깊어 1944년 5월 27일, 광복을 보지 못하고 중경에서 34살을 일기로 숨을 거두었다. 박차정 의사의 유해는 해방 직후인 1945년 12월, 국내로 봉환되어 남편 김원봉의 손에 의해 김원봉의 고향인 밀양에 안장되었다.

남편 약산 김원봉은 조선의용대를 조직한 독립운동가로 대한민국임시정부에 합류하여 임시의정원(경상도 지역구)의원, 한국광복군 부사령관 겸 제1지대장, 1944년 임시정부 군무부장으로 활동하였으나 해방 후 월북하여 1946년 2월, 민족주의민주전선 공동의장, 6월 인민공화당 위원장을 역임하였다. 이러한 이력으로 김원봉은 대한민국 정부로부터 서훈을 받지 못하고 있으나 최근 김원봉을 독립유공자로 포상해야한다는 논의가 활발하다.

　　천궁(天宮)에서 내다보는 한 조각 반월이
　　고요히 대지 위에 비칠 때
　　우리집 뒤에 있는 논 가운데

뭇 개구리 소리 맞춰 노래합니다.
내 기억의 마음의 향로에서 흘러넘쳐서
비애의 눈물이 떨어집니다.

- 박차정의사가 죽은 언니를 위해 쓴 시 일부-

파란만장한 삶을 살다 34살의 젊은 나이로 생을 마감한 독립투사 박차정 의사의 삶을 되돌아보는 생가 툇마루에는 천궁(天宮)으로부터 따스한 햇볕이 내려쬐고 있었다.

2. 이화동산을 만세 함성으로 물들인
"윤마리아"

윤마리아(尹馬利亞, 1909.6.28. ~ 1973.3.20.) 지사는 경기도 강화군 하도면 내리 122번지가 고향으로 1930년 1월, 이화여자고등보통학교(이하, 이화여고보) 4학년 재학 중, 광주학생운동의 동조 시위를 계획하고 이를 주도하다 잡혀 옥고를 치렀다. 윤마리아 지사는 1929년 11월에 일어난 광주학생운동 소식을 전해 듣고 1930년 1월 9일, 동급생 최복순·최윤숙·김진현 등과 함께 만세시위를 계획하고 준비하였다. 윤 지사는 당시 기독교 청년회 회장으로 활동하고 있던 최복순(2014년, 대통령표창) 지사와 근우회 서무부장이었던 허정숙 등과 광주학생운동의 동조 시위를 이끌었다.

1930년 1월 15일 아침, 이화여고보 교정에서 300여 명의 학생들과 함께 태극기를 흔들며 독립만세를 외쳤다. 이들은 시위에서 "학교는 경찰의 침입을 반대하라, 식민지 교육정책을 전폐시켜라, 학생 희생자 모두를 석방시켜라, 조선청년 학생이여, 아아, 일본의 야만정책에 반대하자, 각 학교의 퇴학생을 복교시켜라" 등 6개 항목을 결의하였다. 이어서 학교 밖으로 나가 다른 학교 학생들과 함께 격문을 뿌리며 시위를 계속하다가 검거에 혈안이 된 일경에 학우 약 50명과 함께 붙잡혔다. 이날 시위를 놓고 1930년 3월 23일치 〈동아일보〉에서는 "윤마리아 지사를 포함한 여학생들 판결이 내려졌다"고 크게 보도했다. 당시 일경에 잡혀가 신문 조서를 받은 윤마리아 지사의 '조서' 일부를 살펴보자.

留置中梨花生
現在十四名

이화여고보(梨花高普)의 학생
만세사건으로 소관 서대문서에
검거되고 있는중학취조를 맛든동
교생도는 취초의일과 작이십이
명오후세시경에 二교실도 윤마
리아(尹瑪利쬬)이 한명뿐이명이석
방되고 이와동시에 동교천생도
광진(光鎭)씨외다른한교생도
一명으로인쇄되어 잇든생도도
명어 二명다석방되는데 현재
二교실도 보석도로는 최윤슥(崔
允淑)이하 열네명도로는 지속취조
밧고 잇는중이라한다

14명의 이화여고보생 기사.
윤마리아 이름도 보인다
(동아일보.1930.1.24.)

문 : 무엇 때문에 만세를 부르짖었는가?

답 : 광주학생사건에 대하여 각 조선인 학교에서 만세를 부르며 시
위운동을 하고 있으므로 이화여고보에서도 이들과 보조를 함께
하여 소요를 일으키기로 하고 이것을 실천하게 된 것이다.

문 : 1월 15일에 실행한다고 한 것은 언제 정하였는가?

답 : 1월 14일 정오를 지난 중식시간에 4학년 최정선이 나의 처소에
와서 경성여자고등보통학교 학생인 4학년 급장 윤정희가 나를
면회하고 싶다고 와있음을 알려 주었다. 나 혼자 교정에 나가
보았더니 일면식도 없는 한 사람이 와 있기에 무슨 용건이 있어
온 것인지 또 어떻게 해서 나의 이름을 알고 있었는가를 물은
바, 이름은 지인으로부터 들었으며 용건은 광주학생사건 관계
일로 자기들도 이에 동정하지 않을 수 없으므로 이 일을 일반
학생에게 알려 달라는 것이었다. 나는 각 학년에 알릴 수는 없
으므로 교실로 돌아와서 교단에 올라가 고녀생(高女生)으로부터
들은 그대로 4학년 전부에게 알려 주었다.

– 서울여학생동맹휴교사건 경성서대문경찰서 1930. 1.19. –

공판이 있던 날 법정에는 학부형들과 교사들이 판결을 보기 위해 몰려들었다. 막상 판결이 내려지자 윤마리아 지사 등 여학생들은 엷은 미소를 지으면서 법정을 퇴정했는데 학부형과 교사들은 눈물바다를 이뤘다.

1929년 11월 3일 광주에서 시작해 이듬해 3월까지 전국적으로 194개교 학생 5만 4천 명이 참여한 광주학생운동은 3·1만세운동 이후 가장 큰 규모로 일어난 학생 항일운동이었다. 광주학생운동의 발단은 1929년 10월 30일, 나주역에서 발생한 조선 여학생 희롱사건이 불씨가 되어 11월 3일 전국으로 퍼져나갔으며 거족적인 독립운동으로 펼쳐졌다. 이날 오후 광주역을 출발해 나주역에 도착한 통학 열차에서 학생들이 개찰구를 향해 나갈 때였다.

댕기머리 조선인 여학생인 이광춘과 박기옥이 막 개찰구 쪽으로 나가려

할 때 일본인 남학생 후쿠다 슈조(福田修三)가 이들의 댕기머리를 잡아당긴 것이었다. 광주여고보 학생이던 이광춘과 박기옥은 느닷없는 일본인 남학생의 희롱에 어찌할 줄 몰라하고 있을 때 마침 광주고보 학생이던 박기옥의 사촌 동생 박준채가 다가서며 점잖게 후쿠다를 나무랐다. 그러자 후쿠다가 '조센징 쿠세(조선인 주제)'라며 행패를 부리자 두 사람 사이에 싸움이 벌어졌다. 문제가 커진 것은 이 싸움을 목격한 나주역의 일본인 순사가 후쿠다를 비호하며 박준채의 뺨을 여러 차례 때린 데서 비롯된다. 그러잖아도 나라를 빼앗고 주인행세를 하던 일제국주의자들에 대한 분노가 억제할 수 없이 커지던 시기에 광주학생운동은 기름통에 불을 붙이듯 조선학생들의 가슴에 불을 질렀다.

나주역에서 통학하던 조선인 여학생 머리채를 잡아당기는 일본인 남학생과 이를 응징하는 조선 남학생 <그림 이무성 작가>

광주에서 학생운동이 일어났다는 소식을 들은 서울의 이화여고보 학생들은 다락방 비밀집회를 열어 향후 만세시위에 대한 회의를 열었다. 이 자리에서 이화여고보 학생들은 '광주학생사건 옹호동맹 중앙본부'를 조직하고 1차 거사날을 1929년 11월 15일로 잡았다.

"다락방에 여럿이 들락거리는 것 같아서 한 학생을 붙잡고 물어보
니 화장실에 간다고 해요. 그러려니 했는데 다음 날 아침 교실을 둘
러보니 모두 실외화인 검은 운동화를 신고 있어요. 그러다 종소리가
나니 (학생들이 만세를 부르기 위해) 갑자기 밖으로 달려나갔습니다."

– 《이화백년사(梨花百年史)》 서명학 선생 증언 –

1차 거사날인 1929년 11월 15일, 이화여고보 학생 약 400명이 교정에
서 만세를 부르자 같은 정동에 있는 배재고등보통학교 학생 약 670명도
이 만세운동에 합세했다. 그 뒤 두 학교 학생들이 무리 지어 교정 밖으로
진출하려 하자 서대문경찰서 기마대가 출동해 데모를 막고 주동자 54명
을 잡아갔다. 그리고 만세시위를 막기 위해 학교는 11월 16일부터 휴교
에 들어갔다. 당시 이들의 석방을 요구하는 교장의 탄원이 있었지만 받아
들여지지 않았다. 잡혀간 학생 가운데는 12월 18일 퇴학 및 무기정학 당
한 학생들도 있었다. 이 만세시위가 다른 학교에 퍼지려는 조짐을 보이자
11월 17일엔 배화여자고등보통학교, 정신여자고등보통학교 등의 학교가
잇달아 휴교에 들어갔다.

광주학생운동이 점차 알려지기 시작한 12월 5일부터 서울과 각 지방의
학생들은 항일시위를 벌이고 시위의 한 고리로 동맹휴학을 꾀했다. 그리
하여 '제1차 서울학생 만세시위운동'을 추진했다. 이때 약 2천 4백 명의
일본 경찰이 출동해 1천 4백 명의 학생들을 잡아들였다. 이화여고보생들
은 12월 9일 독립 만세를 외치며 교정 밖으로 진출하려다 일본 경찰에
제지당해 교외 진출에 실패했다. 9일 항쟁에서 교외로의 진출을 차단당
해 울분을 삭이지 못한 당시 이화여보고 4학년생 윤마리아 지사는 그날
밤 최복순과 대중운동단체인 근우회에 찾아갔다. 근우회 회원 허정숙(이
화학당 전문부. 1919년 졸)과 박차정은 당시 벌어지고 있는 학생들의 항일
궐기를 논하며 여학생들의 참여가 미온적이라고 개탄했다. 이들은 함께

여학생들이 취할 수 있는 대책을 논의했다.

윤마리아 지사는 급우들과 진명여고보, 배화여고보, 여자미술학교, 경성여상, 근화여학교 등 각 여학교 학생들과 1930년 1월 15일에 시위할 것을 결의했다. 이 소식을 듣고 당시 이화여전 음악과 졸업반 이순옥은 '제국주의 타도 만세', '피압박 국민 해방 만세' 등을 적은 전단을 만들었다.

제국주의 타파만세, 약소민족 해방만세 등의 글귀를 적은 전단(삐라)을 만든 것은 이순옥 지사다.(한국 민족해방운동사자료집 10권)

삼엄한 경계 탓에 남학생들은 여학생들의 이런 계획을 모르고 1월 20일 궐기하기로 한 상황이었다. 여학생들의 시위 전날 비로소 서로의 계획을 알게 된 남녀 학생들은 여학생들이 계획했던 1월 15일 아침 9시 30분에 일제히 만세를 함께 부르며 학교에서 종로 네거리로 나와 남대문 방면으로 진행하기로 결의했다. 계획대로 1월 15일 약 5천 명의 학생이 함께 거리로 나와 만세를 부른 이 운동을 '제2차 서울학생독립시위운동'이라고 한다.

《이화100년사》에 따르면 이 운동은 '시내여학생만세사건'으로 불릴 만큼 서울의 여학생들이 총궐기했다. 당시 동아일보는 이 운동을 '시내여학생사건'으로 보도했다. 여학생들은 윤마리아 지사 등이 준비한 태극기와 작은 깃발도 흔들었다. 이화여고보 교정 한복판에는 '조선의 청년 학생이여! 일제의 야만 정책에 반대하자', '식민지 교육 정책을 전폐하라', '광주 학생 사건을 분개한다' 등의 문구가 적힌 붉은 천의 대형 깃발이 휘날리고 있었다.

《독립운동사》 책에서 정세현 교수는 "서울의 12월 학생 궐기는 남학생들이 궐기 기세를 고양했고 1월 궐기에서는 남녀 학생의 대일항쟁 기조가 같았다"며 "하지만 저항 운동을 전개하는 방법에 있어서는 여학생들이 격문과 전단을 준비하는 등 사전에 상당한 준비가 있었다."고 말했다.

- 이대학보(2012.11.5.)에서 -

"조선청년학생대중이여! 제국주의적 침략에 대한 반항적 투쟁으로서 광주학생운동을 지지하고 성원하라! 우리는 이제 과거의 약자가 아니다. 반항과 유혈이 있는 곳에 승리는 역사적 조건이 입증하지 않았던가? 조선학생대중이여! 당신들은 저 제국주의 이민배의 광적 폭거를 확인하였을 것이다. 이것은 광주조선학생동지의 학살의 음모인 동시에 조선학생에 대한 압살적 시위이다.(중간줄임) 그들의 언론기관은 여기에 선동하였으며 그들 횡포배들은 일본인의 생명을 위하여 조선인을 죽이라는 구호 밑에 소방대와 청년단을 무장시켰으며, 재향군인연합을 소집하여 횡포 무도한 만행이 있은 후에 소위 그들의 사법경찰을 총동원하여 광주학생 동지 400여 명을 참혹한 철쇄에 묶어 넣었다. 여러분! 궐기하라. 선혈의 최후까지 조선학생의 이익과 약소민족의 승리를 위하여 항쟁적 전투에 공헌하라."

(동아일보.1930.9.9.)

피 끓는 남녀 학생들의 우렁찬 만세시위 함성 속으로 두려움 없이 뛰어들었던 윤마리아 지사는 1909년 경기도 강화군 하도리(당시 강화는 경기도)에서 태어나 서울 이화여고보에 유학했으며 64살이던 1973년 3월 20일 숨을 거두었다. 아쉬운 것은 윤마리아 지사의 독립운동에 대한 포상이 사후 46년만인 2019년에서야 대통령표창으로 추서된 점이다. 살아생전에 국가가 독립운동에 대한 숭고한 정신을 높이 받들어 주었어야만 했다.

※ 윤마리아 지사 2019년 대통령표창 추서

3. 무궁화 그 이름 빛낸 근화여학교
"손경희"

손경희(孫慶喜, 1912 ~ 모름) 지사는 경기도 양평군 양평읍 청운면 비룡리 출신이다. 손경희 지사는 경성의 근화여학교 6학년에 재학 중, 1930년 1월 16일 광주학생운동에 동조하는 서울학교 학생들의 시위에 근화여학교 급우들과 함께 참여하였다.

이에 앞서 1929년 12월에도 학생들의 시위는 격했는데 10일에는 근화여학교를 비롯하여 숙명·협성실업·청년학관·배재학교 등이 궐기하였고, 11일에는 이화·서울여자상업·동덕·실천여학교·경기농업·법정학교·전기학교·선린상업 등이 궐기하였다. 13일에도 배화·진명·중앙보육·정신여학교 학생들이 일제국주의에 대한 성토와 동맹휴학, 광주학생지원을 하자는 내용으로 항일운동을 펼쳤다.

양평의 소녀 손경희 지사가 다닌 근화여학교(槿花女學校)는 지금의 덕성여자대학교 전신으로 학교를 세운 이는 차미리사(1880 ~ 1955, 애족장) 지사다.

> 살되, 네 생명을 살아라.
> 생각하되, 네 생각으로 하여라.
> 알되, 네가 깨달아 알아라.

이는 근화여학교를 세운 차미리사 지사의 평생의 좌우명이었다. 일찍이 기독교에 입교하여 선교사들을 통하여 서양 선진문화를 습득하고 여성의 사회활동에 대해 관심을 갖게 된 차미리사 지사는 1905년, 선교사의 도움으로 미국 유학을 간 뒤 대동교육회(大同教育會), 대동보국회(大同保國會) 활동을 하였다.

1917년 미국선교회에서 조선에 파견하는 선교사 자격으로 귀국한 뒤 배화여학교 교사와 사감(舍監)을 지냈으며 배화여학교 사감 시절에는 "우리는 다 나가서 죽더라도 독립을 해야 한다. 죽는 것이 사는 것이다. 나라 없는 설움 당해 봤지. 나 한목숨이 죽고 나라를 찾으면 대대손손이 다 살게 아닌가!" 라는 이야기로 학생들에게 민족의식을 드높였다.

차미리사 지사는 '여자도 배워야 산다'라는 의식으로 1923년 부인야학강습소를 만들었는데 그 이름이 바로 근화학원(槿花學園)이다. 근화학원은 1925년에 근화여학교로 정식인가를 받았다. 그러나 '근화(槿花)'라는 이름이 무궁화를 뜻한다고 트집을 잡아 총독부에서 다른 이름을 쓰라고 압력을 행사하는 바람에 현, 덕성여자대학교의 전신인 '덕성학원'으로 이름을 바꾸었다. 그 뒤 1950년, 차미리사 지사는 여성고등교육기관의 필요성을 인식하여 덕성여자초급대학(지금의 덕성여자대학교)을 설립하였다. 이러한 설립자의 투철한 애국정신 밑에서 손경희 지사 등은 민족정신을 키워나갈 수 있었다.

근화여학교 손경희 지사 등의 만세시위는 1930년 2월 6일, 경성 서대문 경찰서장이 작성한 경성지방법원 검사국 문서에 '만세소요에 의한 구류 여학생에 관한 건'이라는 제목으로 자세히 그 명단을 학교별로 기록해 놓았다.

손경희(19살), 김금남(20살), 민부영(18살), 이여원(25살), 김지형(20살),

이갑술(25살), 소기순(20살), 오형만(18살), 이수복(20살), 이만동(24살),

양학녀(19살), 오수남(21살), 강의순(19살), 전연봉(18살), 이충신(18살),

이호근(20살), 민인숙(19살), 이경희(24살), 이영신(23살), 장상림(18살)

- 근화여학교 시위 학생 명단, 경성지방법원 검사국 문서(1930.2.6.)-

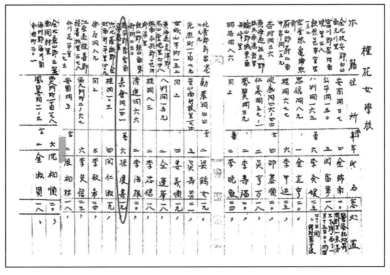

손경희 지사가 들어있는 경성지방검사국 문서 '만세소요에 의한 구류 여학생에 관한 건'
(서대문경찰서.1930.2.6.)

참으로 집요한 경찰들이다. 1월 16일 만세시위가 끝나자마자 잡아들인 여학생들의 명단은 학교별로 손경희 지사가 속한 근화여학교 22명, 실천 여자고등보통학교 11명, 태화여학교 9명, 숙명여학교 4명, 여자실업학교 15명, 정신여학교 13명으로 이들의 본적, 주소와 나이, 이름이 빼곡하게 적혀있다. 만세시위가 무서운 것은 바로 이렇게 잡아들인 학생들을 형무소에 가둬둔다는 사실이다. 워낙 잡혀 들어간 학생들이 많다 보니 재판 전에 100일 200일 미결수 상태에서 구류를 사는 일도 흔하다. 말이 감옥살이지 특히 여학생들의 감옥 생활은 형언할 수 없는 치욕적인 사건이 많았다는 증언이 대부분이다.

> "분하다. 옷을 입고 고문을 당해도 분한데 갓 스물이 조금 넘은 박 속 같은 알몸을 불구대천지 놈들 앞에서 드러낸 자체만도 입술을 깨물고 죽고 싶은 치욕이었다"
>
> - 《차라리 통곡 이기를》(1977, 조애실 수상집, 38쪽 '나의 옥중기' 가운데) -

이는 스무 살 나이에 독립운동을 하다 감옥에 들어간 조애실(1920~1998) 지사의 증언이다. 그러한 고문과 악형(惡刑)을 견뎌낸 여성들의 숫자는 얼마나 될까? 아니 유관순(1902~1920), 동풍신(1904~1921), 이선경(1902~1921) 지사처럼 10대의 나이에 모진 고문을 이겨내지 못하고 죽음에 이른 분들도 있으니 일제의 잔악한 죄상은 끝모를 심연이 아닐 수 없다. 근화여학교의 손경희 지사가 광주학생운동 동조 시위에 참석한 나이는 열아홉 살이다. 꽃다운 나이에 하고 싶은 것도 많고 꿈도 많았을 소녀들! 그들의 삶과 청춘을 앗아간 사람들은 누구인가?

※ 손경희 지사 2019년 대통령표창 추서

근화학교 설립자 차미리사 지사가 세운
덕성여자대학을 가다

(이 글은 2018년 8월 1일, 우리문화신문에 올린 양인선 기자의 기사임)

덕성여대, 여성독립운동가 차미리사 독립정신 이어받아

연일 불볕더위가 내리쬐는 가운데 2018년 7월 31일 낮 2시, 도봉구 수유리에 있는 덕성여자대학교(한상권 총장 직무대리, 이하 '총장')를 찾았다. 낮 2시에 만나기로 한 한상권 총장과의 약속을 위해 대학본부 건물에 들어서니 1층 정면 벽면 가득히 덕성학원 설립자인 차미리사(1879~1955) 지사의 커다란 흑백사진이 걸려있었다. 그리고 차미리사 선생의 평소 신념인 "살되 네 생명을 살아라, 생각하되 네 생각으로 살아라, 알되 네가 깨달아 알아라"라는 글씨가 기자의 가슴을 뛰게 했다.

이날 한상권 총장을 만난 것은 이윤옥 시인이 쓴 '조선여성을 무지 속에 해방한 차미리사 −덕성은 조선 여자교육의 요람−'이라는 시를 대학본부 건물에 걸게 된 기념으로 초대차 방문한 길이었다. 이윤옥 시인의 시는 대학본부 건물 2층 입구에 걸려있었으며 총장실로 올라가는 2층 계단에는 학생들이 덕성학원의 설립자이자, 여성독립운동가인 차미리사 지사를 흠모하고 기리는 다양한 글귀가 벽면을 가득 메우고 있었다.

"100년의 역사, 자랑스러운 덕성여대 우리가 지킬거야"

독립운동가이자 조선여자교육의 요람으로 덕성여대를 설립한 차미리사 지사 사진 앞에 선 한상권
총장

"100년의 덕성, 우리는 강하다"

"지키자. 자랑스러운 덕성여대"

"차미리사의 정신을 이어받은 이 시대의 여성인재 산실 덕성여대와
미래의 100년을 함께합니다."

총장실로 오르는 계단에 학생들이 빼곡하게 적어 놓은 글귀를 읽으며 총
장실에 들어섰다. 바쁜 일정 속에서도 한상권 총장은 우리 일행을 반갑게
맞이해주었다.

"이윤옥 시인이 지은 독립운동가 차미리사 선생을 위한 헌정시를 〈광복
회보, 5월호〉에서 읽었습니다. 마침 제가 총장 직무대리로 부임하면서 덕
성의 정신을 잘 드러낸 시라고 판단되어 우리학교에 이 시를 걸기로 했습
니다."라며 이야기를 꺼냈다.

여성독립운동가이자 교육자인 차미리사 지사를 기리는 '차미리사기념관' 강의동.
강의동 이름만 기념관이지 실제 기념될만한 자료를 모아놓은 곳이 없어 아쉬웠다.

"아시다시피 덕성여자대학은 3·1만세운동 이듬해에 설립하여
2020년에 100돌을 맞이합니다. 덕성학원은 독립운동가 차미리사
선생이 3·1만세운동 정신을 계승하여 설립한 민족사학이지요. 선생
은 3·1만세운동이 일어나자 여성교육에 뜻을 두고 1920년 조선여
자교육회를 만들었지요. 덕성학원의 뿌리인 조선여자교육회는 식민
지 암흑시대를 비추는 조선의 한 줄기 광명이었습니다."

역사학자 출신인 한상권 총장은 《차미리사 전집》(전2권, 2009)을 집필하
여 여성교육자이자, 독립운동가로 활약한 차미리사 지사의 정신을 널리
알리는데 앞장섰던 분답게 차미리사 지사의 창학(創學)정신과 덕성학원의
미래에 대한 이야기를 장시간 들려주었다.

덕성여자대학에는 차미리사 기념관 건물이 있으나 별도의 자료관은 없다. 그나마 대학본부 1층 건물에 설립자 차미리사 지사의 사진이 걸린 것도 한상권 총장이 선임된 뒤의 일이라고 한다. 총장과의 대담을 마치고 학교 후문 쪽에 있는 차미리사 지사의 무덤을 찾아가 절을 올렸다.

"(앞줄임) 덕성은 조선 여자교육의 요람 / 더러운 돈 한 푼 섞지 않고/ 깨끗한 조선의 돈으로만 일구어 / 더욱 값진 학문의 전당 / 청각장애 딛고 일어나/ 조선 독립의 밑거름 키워낸 영원한 겨레의 스승/ 그 이름 차미리사여!"

- 이윤옥 시인의 '차미리사 시' 가운데 -

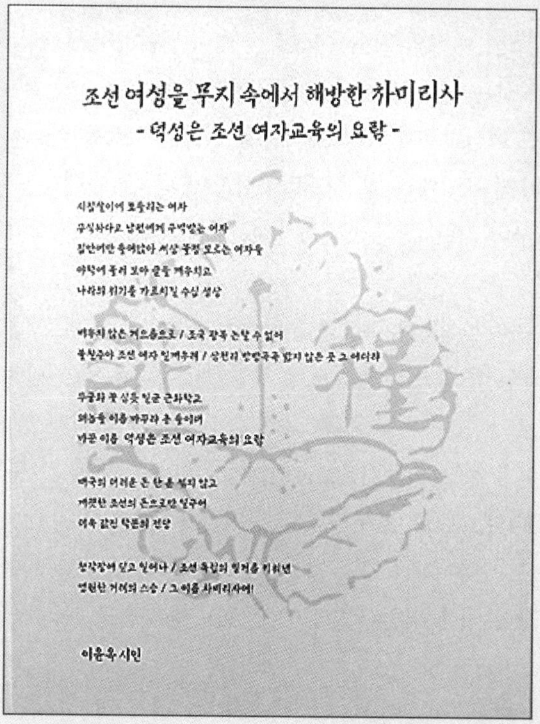

판넬에 새긴 이윤옥 시인의 '차미리사 선생을 기리는 헌정시'가 대학본부 1층에 걸려있다

덕성여대 후문 뒷산, 학교가 잘 내려다보이는 곳에 차미리사 지사는 잠들어 있다

그 누구도 조선 여성의 교육을 생각하지 못하던 100년 전 그때, 선각자 차미리사 지사는 덕성의 전신인 무궁화학교(槿花)를 만들었다. 그 무궁화 학교는 조선 여성교육의 요람으로 자라 오늘의 덕성을 만들어 내었다. 매 미가 우렁차게 울어대는 교정을 걸어나오며 덕성여자대학이 지난 100년 의 전통을 살려 새로운 100년을 선도하는 대학으로 거듭나길 빌었다.

참고로, 덕성여자대학은 책《먼나라 이웃나라》의 저자로 알려진 이원복 교수가 2015년 3월 1일 총장으로 취임했으나 4년 임기 만료를 8개월여 남긴 상태로 2018년 6월 23일 총장직을 사임하고 현재(2018)는 사학과 한상권 교수가 총장 직무대리로 취임한 상태다. 이원복 전 총장의 사임은 지난 6월 20일, 교육부로부터 2단계 평가대상으로 지정된 전국 86개(일 반대학 40개교, 전문대학 46개교) 대학 가운데 한 곳으로 통보를 받게 되자 이원복 총장이 이에 대한 책임을 통감하고 총장직을 사임한 것으로 알려 져 있다.

※ 차미리사 지사 2002년 애족장 추서

4. 실천여학교에서 독립의 횃불을 높이든 "문봉식"

"1930년 1월 15일, 서울학생들의 궐기로 수업이 어려워진 각 학교
는 1월 20일 경까지 휴교하기로 하였다. 이화여고보(1월 24일 개교),
배재여학교(1월 17일), 배화여학교(1월 20일), 협성여학교(1월 20일),
중동학교(1월 18일), 중앙보육학교(1월 20일), 경신여학교(수업불능), 정
신여학교(수업불능), 실천여학교(무기휴학), 여자상업학교(수업불능)"

- (동아일보. 1930.1.16.) -

1929년 11월 3일, 광주에서 일어난 학생운동의 불씨는 전국 각지로 번
져나갔다. 특히 서울 소재 여학교들의 동참은 매우 적극적으로 이뤄졌다.
실천여학교의 문봉식 지사도 광주학생운동에 둘째가라면 서러울 정도로
적극적이었다.

경기도 수원군 수원면 매산리 61번지(당
시 주소)가 고향인 문봉식 지사는 경성의
실천여자고등보통학교(이하, 실천여학교)
에 유학 중 광주학생운동에 뛰어들었다.

1930년 1월 15일, 문봉식 지사를 포함
한 실천여학교의 만세시위 상황은 1930
년 2월 6일, 서대문경찰서장이 작성한

문봉식 지사

경성지방법원 검사국 문서에 '만세소요에 의한 구류 여학생에 관한 건'이라는 제목으로 자세히 학교별로 기록되어 있다. 여기에는 이름과 본적과 현주소, 나이 등이 상세히 적혀있다. 만세시위에 가담한 실천여학교 학생들의 명단은 다음과 같다.

> 문봉식(18살), 민연순(20살), 윤아지(19살), 박정인(19살), 이영자(18살),
> 이기숙(18살), 김정숙(18살), 최은전(18살), 송옥헌(18살), 김정자(20살),
> 곽종숙(18살)

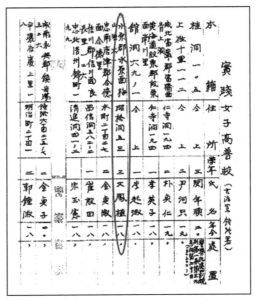

문봉식 지사가 들어있는 경성지방검사국 문서 '만세소요에 의한 구류 여학생에 관한 건' (서대문경찰서.1930.2.6.)

송계월, 최복순 등은 1월 14일 밤 가회동 48번지에서 모여서 실천여학교·진명여학교·숙명여학교·근화여학교·미술여학교·여자상업학교·정신여학교·배화여학교·동덕여학교·이화여고보 등 각 학교 대표들을 모이게 하여 1월 15일 오전 9시를 기하여 총궐기할 것을 결의하고 학생시위운동을 주도했다. 이들은 다음과 같은 〈격문〉을 돌리며 일제의 광주학생 시위 탄압에 대해 항거했다.

① 학교는 경찰의 침입을 반대한다.
② 식민지 교육정책을 철폐하라.
③ 광주학생사건에 대하여 분개한다.
④ 학생희생자를 석방하라.
⑤ 일본의 교육정책을 반대하라.
⑥ 각 학교의 퇴학생을 복교시켜라.

– 〈시내여학생만세사건공소사실요략〉 동아일보(1930.3.19.) –

광주에서 시작된 항일학생운동은 서울에서 2차에 걸친 대규모 학생운동으로 발전하고 다시 1930년 2월 초순까지 전국적으로 확대되었다. 경기도에서는 1930년 1월 9일 개성송도고보·호수돈여고보·개성상업학교·미리흠여학교의 만세시위운동이 일어났으며, 이보다 앞서 1929년 12월 13일 인천상업학교에서도 만세시위운동이 있었다.

광주학생운동이 일어난 지 89년이 되던 2019년, 문봉식 지사의 고향인 수원에서는 3월 29일부터 6월 9일까지 수원박물관에서 '3·1운동 100주년 기념 테마전'이란 주제로 〈수원 여성의 독립운동〉 관련 내용을 전시했다.

※ 문봉식 지사 2019년 대통령표창 추서

수원박물관 주최
'수원 여성독립운동가 전시회'에 가다

기생 출신 독립운동가인 김향화(金香花, 1897. 7. 16 ~ 모름) 지사를 알게 된 것은 십수 년도 더 된 일이다. 그때 기생들도 만세운동에 참여했다는 사실을 알고 놀라움보다는 부끄러움이 앞섰다. 한두 명도 아니고 수원 기생 33명이 만세운동에 앞장섰음에도 그 사실조차 까마득히 모르고 있었다는 자괴감이 엄습했다. 김향화 지사라도 알리자고 시작한 것이 여성독립운동가를 기록하는 작업의 시작이었다.

수원 여성독립운동가들. 박충애, 나혜석, 김향화, 이선경, 이선경의 언니 이현경, 문봉식, 최경창, 홍종례, 차인재, 이그레이스, 전현석 지사(위 왼쪽부터 시계방향)

2019년 5월 8일 오후, 수원 기생 김향화 지사를 비롯한 '수원 여성의 독립운동' 전시회가 열리고 있는 수원박물관을 찾았다. 김경표 학예연구사와 미리 연락을 해둔 덕에 전시관을 비롯한 수원의 여성독립운동가에 대한 자세한 안내를 받을 수 있었다.

수원박물관 기획전시실에서 열리고 있는 전시회는 모두 4개의 방으로 꾸며져 있었는데 1) 일제 식민지배와 수원사람들의 항거 2) 수원 기생 만세운동의 주역 김향화 3) 구국의 선봉에 나선 학생 이선경 4) 수원여성의 독립운동으로 구성되어 있었다.

기생 출신의 김향화(2009년 대통령표창) 지사와 구국민단에서 활약한 수원의 잔 다르크 이선경(2012년 애국장) 지사는 별도의 방을 만들 정도로 그 활약이 눈부신 분들이다. 특히 필자가 10여 년 전 김향화 지사의 글을 쓸 무렵만 해도 참고 될 만한 사진이라고는 《조선미인보감, 1918》 정도밖에 없었는데 이번 수원박물관 전시에서는 김향화 지사와 관련된 희귀한 사진들이 공개되어 감회가 남달랐다.

그 가운데서 특히 김향화 지사가 하얀 소복차림의 동료 수원기생들과 서울로 올라와 덕수궁 대한문 앞에서 망곡례(望哭禮)하는 모습, 김향화 제적부, 만세를 부르던 장소였던 자혜병원 모습, 김향화의 지문을 찍은 신분장지문 원지(1919) 등의 사진 앞에서 필자는 당시 김향화 지사를 만난 듯 오랫동안 발걸음을 떼지 못했다. 스무 살! 꽃다운 나이의 기생들이 구국의 일념으로 만세운동을, 그것도 단체로 뛰어든 것은 놀라운 일이다. 수원예기조합 출신의 33명은 그래서 더 그 이름이 고귀하다.

김향화, 서도홍, 이금희, 손산홍, 신정희, 오산호주, 손유색, 이추월,
김연옥, 김명월, 한연향, 정월색, 이산옥, 김명화, 소매홍, 박능파,
윤연화, 김앵무, 이일점홍, 홍죽엽, 김금홍, 정가패, 박화연, 박연심,
황채옥, 문롱월, 박금란, 오채경, 김향란, 임산월, 최진옥, 박도화,
김채희

− 만세운동에 참여한 33인의 수원기생 −

제2전시방과 제3전시방 사이에는 기생출신의 독립운동가 사진이 전시되어있다.

전시실 벽면 가득히 수원기생의 사진과 이름이 붙어있다.

한편, 필자가 수원의 잔 다르크라고 이름을 붙여 헌시(獻詩)를 쓴 적이 있는 제2전시방의 주인공 이선경(李善卿, 1902 ~ 1921) 지사는 19살에 순국의 길을 걸은 분이다. 경기도 수원면 산루리 406번지(현 수원시 팔달구 중동)에서 태어나 삼일여학교를 졸업한 이선경 지사는 〈구국민단〉에서 구제부장(救濟部長)을 맡아 활동하다가 그만 일제 경찰에 발각되어 옥고를 치르던 중 혹독한 고문을 이기지 못하고 19살의 나이에 순국하였으니 애달프기 짝이 없다.

> 열아홉 값진 목숨 / 극악한 고문으로 / 쓸쓸히 떠났건만
> 오래도록 찾지 않아 / 무덤조차 잊힌 구십 성상
> 임이시여! 조국의 무관심을 용서하소서 / 조국의 비정함을 용서하
> 소서
>
> － 필자 시 '다시 살아난 수원의 잔 다르크 이선경' 가운데 일부 －

'수원 여성의 독립운동 전시실', 김향화 지사의 사진과 훈장이 보인다.

이선경 지사는 "한일병탄을 반대하고 조선독립을 계획할 것과 독립운동
으로 감옥에 들어간 가족을 구제" 하기 위해 〈구국민단〉에 가입하였다.
이 일로 이선경 지사는 징역 1년을 선고받고 투옥된 지 8개월만인 1921
년 4월 12일 가출옥 되었으나 혹독한 고문으로 집으로 옮기자마자 9일
뒤 19살의 나이로 순국했다. 이선경 지사가 숨진 지 93년 만에 국가보훈
처는 이선경 지사의 독립운동을 인정하여 2012년에 가서야 서훈을 추서
했다. 너무 늦은 일이다.

제3전시방으로 발걸음을 옮기자 김경표 학예연구사의 설명은 길게 이어
졌다.

　"이 코너에 있는 사진이 차인재 지사 후손이 제공한 사진입니다. 특
　히 1916년 8월 24일에 찍은 김메례 선생 송별회 기념 사진 속에
　나오는 수원삼일여학교동창회 사진은 전부터 입수한 사진인데 여기

에 차인재 지사가 들어 있다는 사실은 이번 전시를 준비하면서 알게
되었습니다.”

김경표 학예연구사가 말한 차인재 지사가 찍힌 흑백사진은 앞줄에는 학
생들이 앉아있고 뒷줄에는 교사로 보이는 인물들이 십여 명 서 있는 사진
이다. 대개 당시 사진의 경우 인물들의 이름을 적어 놓지 않아서 누가 누
구인지 모르는 경우가 많다. 차인재(1895 ~ 1971) 지사는 수원 삼일여학교
를 거쳐 이화학당을 나와 이곳에서 교사 생활을 하다가 미국으로 건너갔
다. 미국에서는 남편 임치호(1879 ~ 1951) 지사와 함께 독립운동을 한 부
부독립운동가이기도 하다.

수원삼일학교 교사인 김메례 선생의 송별 사진, 가운데 꽃목걸이를 들고 있는 사람이 김메례 선생, 맨 뒷
줄 왼쪽에서 4번째부터 차인재, 박충애, 나혜석이며 맨 앞의 남성은 민족대표 48인 가운데 한 분인 김세
환 지사(1916년 8월 24일).(수원박물관 제공)

북미대한부인회애국단 단원이었던 차인재 지사는 1966년 이 단체가 한국에 세운 기념도서관 정초식에 참석하여 창덕궁 후원에서 사진을 찍었다. 앞줄 왼쪽에서 6번째가 차인재 지사(차인재 지사 외손녀 윤자영 씨 제공)

이들 부부는 미국에서 힘겹게 슈퍼마켓 등을 경영하면서 상해 임시정부에 독립자금을 지원하는 한편 차인재 지사는 대한여자애국단, 임치호 지사는 대한인국민회 등에 가입하여 왕성한 독립운동을 펼쳐 나갔다. 필자가 차인재 지사의 외손녀를 만난 것은 2018년 8월의 일이다. 미국 LA 헌팅턴비치에 자리한 윤자영 씨(71살) 집에 직접 찾아가서 차인재, 임치호 지사의 독립운동 이야기를 듣고 당시의 귀중한 사진을 많이 받아 왔는데 그 가운데 일부가 이번 전시회에 전시되었다.

필자가 입수한 차인재 지사의 자료를 박물관 측에 제공하여 이번 전시회에 햇빛을 보게 되었으니 필자로서는 여간 기쁜 일이 아니다. 물론 미국의 차인재 지사 외손녀인 윤자영 씨에게도 이런 사실을 알렸더니 매우 기쁘다고 했다. 잊혔던 외할머니의 독립운동이 고국땅에서 다시 활짝 꽃피는 느낌을 받았으리라.

대한여자애국단 창립 17주년 기념, 앞줄 왼쪽에서 2번째가 차인재 지사(차인재 지사 외손녀 윤자영 씨 제공)

특별히 이번에 추가로 사진 자료 등을 쉽게 구할 수 있었던 것은 2018년 8월 차인재 지사 후손 집을 함께 찾아갔던 우리문화신문의 양인선 기자 덕이다. 양인선 기자는 2019년 초 다시 LA를 방문하게 되어 외손녀인 윤자영 씨 집을 재차 방문, 수원박물관의 기획전시를 설명하고 자료를 추가로 구해와서 이번 전시에 도움을 주었다. 양인선 기자와 통역을 맡아 수고해준 따님 이지영 씨의 고마움을 이 자리를 빌려 전하고 싶다.

차인재 지사 외에도 제3전시방에는 수원의 독립운동가 임면수(1874~1930) 지사와 함께 부부독립운동가로 활약한 전현석(1871~1932), 나혜석(1896~1948), 한국 최초의 의생(의사)면허를 따서 독립운동에 이바지한 이그레이스(1882~모름), 광주학생운동에 참여한 문봉식(1913~1950)과 사회주의 운동에 가담한 최경창(1918~모름), 홍종례(1919~모름) 지사 등 그동안 우리가 알지 못했던 여성독립운동가들의 활약상이 상세히 전시되어 있다.

이 가운데 김향화(2009년. 대통령표창), 이선경(2012. 애국장), 차인재(2018년. 애족장), 최문순(2018년. 대통령 표창), 문봉식(2019년. 대통령 표창) 지사만 독립유공자 포상을 받았고 나머지는 아직 포상자 이름에도 올리지 못하고 있는 실정이다.

2019년 초 미국에서 활약한 차인재 지사의 후손이 사는 LA 집을 재차 방문하여 이번 전시에 추가 자료를 제공한 양인선 기자는 "수원에 이렇게 많은 여성독립운동가들이 계신줄 몰랐다. 특히 삼일여학교 출신의 차인재 지사와 관련된 자료를 제공할 수 있어 기쁘다. 차인재, 임치호 부부 독립운동가의 외손녀인 윤자영 씨도 외할머니 차인재 지사의 자료가 수원박물관에 전시된다는 사실을 알고 기뻐했다. 전시된 내용과 책자 등을 수원박물관에서 미국으로 보내주면 좋겠다."고 했다.

차인재 지사 등이 전시된 제3전시방 모습

이날 전시장을 찾은 필자에게 장시간 시간을 내서 수원여성독립운동가에 대한 친절한 설명을 해준 김경표 학예연구사의 열정을 보면서 다른 박물관에서 느끼지 못한 '수원지역의 독립운동가' 들이 더욱 돋보였다. 독립운동을 하신 분들과 동시대를 살지 못한 우리들이 그 분들의 업적과 독립정신을 기릴 수 있는 것은 공개된 '전시'와 '자료'를 통해서 일 것이다. 기생 출신의 김향화 지사의 경우도 수원박물관에서 독립유공자 신청을 해서 서훈을 받은 것을 보면 관련 기관의 역할이 중대하다는 사실을 새삼 느껴본다.

5. 경성에서 전주까지 동맹휴업을 이끈
정신여학교 "박순애"

"독립이 성취될 때까지 우리 자신의 다리로 서야하고
우리 자신의 투지로 싸워야한다."

- 정신여학교 출신 김마리아 지사 어록-

박순애 지사는 경기도 고양군 지도면 행주내리 출신으로 정신여학교(현, 정신여고)를 나왔다. 1900년 2월 2일생인 박순애 지사는 3·1만세 운동 때 열아홉 살로 서울도 아닌 전북 전주에 있는 기전여학교로 원정 만세운동에 뛰어든 열혈 학생이다.

박순애 지사가 만세운동을 하다 잡혀가 공판을 받은 판결문(1920.2.25. 광주지방법원 전주지청)에는 "경기도 경성부 연지동 정신여학교 기숙사 학생"이라는 주소가 또렷이 적혀있다.

판결문 요지를 보면 "피고(박순애)는 다른 1명과 조선에서 정치를 변혁시킬 목적으로 다수가 단결하여 조선독립만세를 외칠 것을 계획하고 1919년 12월 28일과 30일, 2회에 걸쳐 전주 소재 기전여학교 기숙사에 가서 이 학교 학생 김공순 외 여러 학생들에게 거사날을 1920년 1월 5일로 잡고 이날 모두 나와 조선독립만세를 부를 것을 권유, 선동했다" 고 적혀있다.

지금처럼 교통이 편리한 시대도 아닌 1919년도에 서울에서 원정 만세운동을 주도한 박순애 지사의 열정을 지금 우리가 헤아리기는 쉽지 않다. 다만, 당시 학생들 사이에서는 열악한 교통편을 감내하면서까지 독립을 향한 뜨거운 교류가 서울과 지방에서 펼쳐지고 있었음을 알 수 있다. 박순애 지사는 이 일로 징역 1년을 선고받고 옥고를 치렀다.

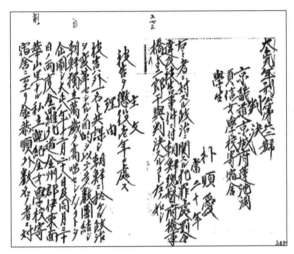

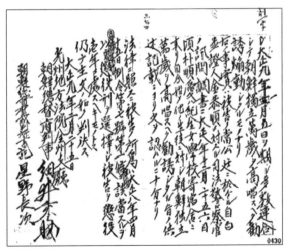

박순애 지사의 판결문(1920.2.25. 광주지방법원 전주지청)

박순애 지사와 함께 국가보훈처로 부터 포상을 받은 정신여학교 학생은 다음과 같다.

〈정신여학교 독립운동가 포상 현황〉

연번	이름	생존기간	본적	훈격	포상년도
1	구명순(具命順)	1900 ~ 1950	경남 김해	대통령표창	2019
2	김경순(金慶淳)	1902 ~ 모름	함남 영흥	미포상	·
3	김마리아 (金瑪利亞)	1892 ~ 1944	황해 장연	독립장	1962
4	김순애(金淳愛)	1889 ~ 1976	황해 장연	독립장	1977
5	김영순(金英順)	1892 ~ 1986	경기 경성	애족장	1990
6	박순애(朴順愛)	1900 ~ 모름	경기 고양	대통령표창	2014
7	방순희(方順熙)	1904 ~ 1979	함남 원산	독립장	1963
8	백신영(白信永)	1889 ~ 1950	경남 밀양	애족장	1990
9	신의경(辛義敬)	1898 ~ 1988	경기 경성	애족장	1990
10	윤순희(尹順嬉)	1912 ~ 모름	경기 포천	대통령표창	2019
11	이아수(李娥洙)	1898 ~ 1968	평북 강계	대통령표창	2005
12	이성완(李誠完)	1900 ~ 1996	함남 정평	애족장	1990
13	이의순(李義順)	1895 ~ 1945	함남 단천	애국장	1995
14	이정숙(李貞淑)	1896 ~ 1950	함남 북청	애족장	1990
15	이혜경(李惠卿)	1889 ~ 1968	함남 원산	애족장	〃
16	이혜련(李惠鍊)	1884 ~ 1969	평남 강서	애족장	2008
17	장선희(張善禧)	1893 ~ 1970	황해 재령	애족장	1990
18	주경애(朱敬愛)	1898 ~ 미상	경남 부산	미포상	·
19	차경신(車敬信)	1892 ~ 1978	평북 선천	애국장	1993
20	차은애(車恩愛)	1914 ~ 모름	경기 경성	대통령표창	2019

(국가보훈처 공훈전자사료관 참조 정리, 2020.3.1. 현재)
*별색은 경기도 출신임

한 학교에서 이렇게 많은 수의 여성독립운동가들이 국가로부터 독립유공자로 포상받은 경우는 흔치 않다. 이러한 일이 가능했던 것은 뭐니 뭐니 해도 독립정신이 투철했던 정신여학교 출신 선배들의 눈부신 활약을 꼽지 않을 수 없다.

필자는 정신여고 출신의 독립운동가를 찾아 취재에 나선 적이 있다. 이 글을 통해 정신여고가 키워낸 독립운동가와 그들이 울고 웃으며 독립정신을 오롯이 지켜온 역사를 조금이나마 엿볼 수 있으면 좋겠다.

※ 박순애 지사 2014년 대통령표창 추서

한국여성독립운동사에 큰 획을 그은
김마리아 열사를 배출한 정신여고를 찾아서

정신여고에서 "독립정신"의 강한 에너지를 받다

정신여고 출신의 여성독립운동가 이야기를 듣고 싶어 이희천 교장 선생님을 찾아뵙겠다는 편지를 보낸 것은 2015년 11월 중순이었다. 편지를 보내자마자 교장 선생님으로부터 아무 때나 방문해도 좋다는 연락이 와서 잠실에 있는 정신여고를 찾아간 것은 11월 30일 월요일 오전 10시였다.

교정에는 늦 단풍나무 한그루가 붉은 옷을 입은 채 서 있었고 바로 옆에는 정신백년(貞信百年, 1887~1987)이라는 문구가 새겨진 돌비석이 있어 정신여고가 오랜 전통을 지닌 학교임을 묵묵히 말해주고 있었다.

정신여자고등학교(교장 이희천) 출신의 여성독립운동가로는 김마리아 열사를 비롯하여 김순애, 김영순, 신의경, 이의순, 이정숙, 장선희, 방순희, 차경신 지사 등이 있으며 이들은 한국여성독립운동사의 큰 획을 그은 인물들이다. 여성독립운동가의 산실답게 교장실에

단아한 한복 차림의 김마리아 열사
<정신여고 제공>

는 학사모를 쓴 김마리아 열사의 액자가 걸려있었는데 액자 밑에는 "순국열사 김마리아(1892~1944), 정신여학교 4회 졸업. 모교의 교사로 재직. 2·8 독립선언의 주동인물로 활약. 대한민국애국부인회 회장. 3·1운동 당시 옥고를 치름. 대한민국건국공로훈장 추서" 라는 글귀가 적혀있었다.

교장실로 안내받아 들어가니 따끈한 유자차 한잔이 나왔다. 한 모금 마시기 무섭게 이희천 교장 선생님은 김마리아 열사 이야기부터 꺼내 놓는다. 김마리아 열사는 1962년에 대한민국 건국훈장 독립장을 추서 받은 단 두 명의 여성 가운데 한 분으로 다른 한 분은 유관순 열사다. 그만큼 이두 분의 독립운동은 한국여성독립운동사에 뚜렷한 획을 그었지만 정작 김마리아 열사는 유관순 열사만큼은 알려지지 않은 게 현실이다.

여성독립운동가의 발자취를 찾아 그들의 업적을 기리는 글을 쓰는 작업을 하고 있는 필자가 만났던 수많은 사람 가운데 김마리아 열사를 유관순 열사처럼 '독립운동가'로 인식하고 있는 사람은 열에 한두 명이라는 사실이 이를 입증한다. 이러한 사정이다 보니 교장 선생님은 이 학교 출신인 김마리아 열사를 필자에게 서둘러 알리고 싶었을 것이다. 그만큼 김마리아 열사의 업적은 크고 위대하다.

이희천 교장 선생님은 이야기를 잠시 멈추고 책장에서 두툼한 책 두 권을 필자 앞에 꺼내 놓았다. 김마리아 열사에 관한 책으로 《신문으로 보는 김마리아 》와 《사진으로 보는 정절과 신앙의 정신 120년사》가 그것이다. 특히 557쪽에 달하는 《신문으로 보는 김마리아》 책은 김마리아 열사가 1910년부터 1944년 숨을 거두기 전까지 국내외에서 활약한 기사와 옥고를 치른 내용으로 가득차 있었다. 이 한 권의 책이야말로 대한민국여성독립운동사를 그대로 말해주는 듯해 잠시 가슴이 뭉클했다.

기사 가운데 1920년 5월 29일치 〈동아일보〉에 "대구 옥중 김마리아 위태 "라는 제목이 눈길을 끈다.

"대한애국부인단 수령 김마리아는 작년 9월에 체포된 후로 여러 달 동안
옥중에서 신음한 결과 영양이 불량하여 병이 나서 그동안 미음과 우유로
만 겨우 목숨을 이어가더니 근래에는 병세가 더욱 심해져서 미음도 먹지
못하고 아무것도 먹지 못하게 되었다. 벌써 이틀 동안이나 절식을 하였다
는데 생명이 위태하다고 한다."라는 기사에는 가슴이 덜컥 내려앉았다.

일제강점기에 옥중 구속되었다가 고문으로 숨져간 여성들이 그 얼마나
많았던가를 떠올리면 더욱 그러하다. 유관순은 물론이고 함경북도 명천
화대장터에서 만세운동에 앞장선 동풍신(17살에 고문 순국), 수원의 잔 다
르크 이선경(19살에 고문 순국), 달구벌 만세운동을 이끈 임봉선(26살에 고문
순국) 지사 등도 모두 가혹한 고문으로 꽃다운 나이에 숨지지 않았는가 말
이다.

일본유학시절 기모노를 입은 여학생 가운데 당당하게 한복을 입은 김마리아 열사(둘째 줄 오른쪽 끝)
<정신여고 제공>

"3월 1일, 왼손에 태극기 오른손에 독립선언서로 시위 행렬의 앞에 서서 돌진하던 한 처녀는 적의 칼에 두 손이 끊기었다. 이것이 독립운동의 첫 피다. 대한독립을 위한 첫 피는 대한여자에게서 흘렀다. 대한의 여자는 비밀문서 인쇄, 등사, 배포와 통신의 대부분을 여자의 손으로 완성했다. 작년 2월 동경과 상해로부터 홀연히 고국에 돌아온 몇 명의 여자 애국자는 부산에서 의주까지, 목포에서 함흥까지 날아다니며 4천 년간 침묵하였던 대한의 천만 여성에게 조국을 위하여 일어날 때가 당도하였음을 고하였고 일단 대한독립만세 소리가 일어나자 그네는 분연히 깊은 규방의 문을 차고 태극기를 두르고 나섰다."

이것은《신문으로 보는 김마리아》책 67쪽 기록으로 1920년 2월 17일 〈독립신문〉의 '부인과 독립운동'에 나오는 글이다.

사실 따지고 보면 독립운동의 첫 피를 흘린 것도 여자요, 독립운동의 불씨를 당겨 3·1 만세운동에 앞장섰던 것도 여자요, 3·1 만세운동의 도화선이 된 2·8 독립선언서의 주동자도 여자였다. 김마리아 열사를 비롯한 대한여성의 독립운동 역사는 항일독립역사의 시작이자 끝이라고 해도 지나친 말이 아닐 것이다.

이 학교 출신으로 국가로부터 포상을 받은 이는 건국훈장 독립장의 김마리아(1892~1944), 역시 독립장의 김순애(1889~1976) 선생이고, 건국훈장 애족장을 받은 분으로는 김영순(1892~1986), 장선희(1894~1970), 신의경(1898~1997), 이정숙(1898~1950) 등이다.

여성독립운동의 산실인 정신여자고등학교는 지금(2015년)으로부터 128년 전인 1887년 6월 여의사이자 미국 북장로교 선교사였던 엘러스(A. J.

Ellers)가 여성계몽을 목적으로 서울 중구 정동에 있던 제중원 사택에 세운 정동여학당(貞洞女學堂)으로 시작하였다.

정신여고 교정에 세운 순국열사 김마리아 열사 흉상

"소녀들을 돌보고 가르쳤던 초기에는 불안정했다. 어떤 날은 네 명의 소녀들이 있었지만 다음 날은 한 명도 없는 날도 있었다. 우리가 의료용 칼로 그들의 눈과 심장을 도려낸다는 소문을 듣고 그들은 두려워했다. 그때는 찌푸린 얼굴과 어두운 안색이 우리를 맞이했지만 날이 지나고 소녀들에게 어떤 해악도 미치지 않게 되자 즐거운 얼굴과 미소가 우리를 맞이했다."

이는 초창기 정동여학당(1887 ~ 1895) 시절 초대 설립자 엘러스의 글 "Personal Recollection of Early Days" 가운데 일부다. 정동여학당은 8년 뒤 1895년 서울 종로구 연지동으로 교사를 이전하면서 사립 연동여학교(蓮洞女學校)로 학교 이름을 바꾸었다. 이때 총학생 수는 10명이었고 1907년에 가서야 제1회 졸업생으로 11명을 배출할 수 있었다.

마르타윌슨여자신학원 재직시절(1932 ~ 1941), 앞줄 왼쪽 첫째가 김마리아 열사 <정신여고 제공>

그러나 조선을 강제병합한 조선총독부 학무국은 1911년 제1차 조선교육 령을 공포하여 정식학교를 보통학교, 고등보통학교, 여자고등보통학교로 정하고 교과목은 물론 교직원, 교과서, 수업료 등에 관한 총독부 규정을 적용하도록 강요했다. 특히 고등보통학교 졸업자가 아니면 상급학교 자격을 주지 않았지만 정신여학교는 이를 수용하지 않았다. 총독부의 지시에 따르지 않으려고 불이익을 감수하면서까지 정식학교가 아닌 '기타 학교'로 남은 것이다. 이후 정신여학교는 1935년 5월 9일 지정교로 승격되기까지 가시밭길을 걸어야 했다.

그러는 과정에서 지하조직을 통해 3·1만세운동을 전개하였던 애국부인회 회장에 정신여학교 4회 졸업생인 김마리아 열사가 뽑히고 그 본부가 정신여학교에 설치되자 일제의 탄압은 극에 달하게 된다. 이후 1939년 국어말살 정책과 신사참배 거부로 교장이 해직되고 재단법인이 해체되는 고통을 겪어야 했다. 이 과정에서 학교는 친일파에게 경영권이 넘어갔다.

그리고는 1945년 3월 풍문학원(豊文學園)에 합병되면서 오랜 역사와 전통에 빛나던 정신여학교는 학교터와 교사, 200여 명의 학생과 15명의 교직원을 모두 잃고 폐교되고 말았다.

> "우리 학교에는 안타깝게도 폐교의 곡절을 겪는 통에 김마리아 선생은 물론이고 광복 이전의 학생들 학적부 관련 자료나 기타 학교 관련 자료가 하나도 없습니다. 참으로 아쉬운 대목입니다."

이희천 교장 선생님은 일제강점의 쓰라린 역사를 정신여학교가 고스란히 안고 있다고 말했다.

정신여학교는 광복 뒤 1947년 5월 동문 김필례를 교장으로 추대하여 복교하였고, 「교육법」개정에 따라 1951년 6월 정신여자고등학교와 정신여자중학교로 개편되었다. 그 뒤 1978년 12월 서울시 송파구 잠실동 현재의 자리에 교사를 새로 지어 이전하였고 2015년 현재 128년째를 맞아 수많은 여성독립운동가를 배출한 독립정신이 살아 있는 명실상부한 명문학교로 자리매김하고 있다.

이희천 교장 선생님으로부터 정신여학교가 걸어온 발자취를 들으면서 필자는 다른 학교에서 느끼지 못한 그 어떤 강한 '독립정신'의 강한 에너지를 느낄 수 있었다. 학교장이 그렇게 자신이 몸담은 학교의 독립운동가에 대한 소상한 내용을 알고 있는 경우가 흔치 않기 때문이다. 그는 학생들에게 '독립운동가의 삶'을 형식적으로 가르치고 있지 않았다. 자신이 독립운동가의 발자취를 찾아 온몸으로 느낀 뒤에 그것을 교육 현장에 쏟고 있었다.

동아일보 1920년 6월 2일치 기사에는 "수소문하여 알아본 결과 김마리아는 대구에 서양인이 많이 사는 동산(東山) 어느 서양인 집에 있다하는 말을 듣고 동산으로 찾아간 것은 그날 오전 10시였다. 대구 시가의 서편으로 조그마한 언덕에 녹음이 우거지고 꾀꼬리 노래하는 사이로 우뚝우뚝 선 빨간 벽돌집이 은은히 보이는 곳이었다."라는 구절이 보이는데 이희천 교장 선생님은 10여 년 전 이 기사를 들고 무작정 대구로 내려갔다고 한다. 그 빨간 벽돌집을 찾아 떠난 것이다. 김마리아 열사가 일제의 고문으로 죽음 직전에 내몰렸던 현장을 확인하기 위해서였다고 한다.

필자도 현장 위주의 글을 쓰고 있지만 이희천 교장 선생님도 자신이 몸담은 학교 출신의 독립운동가의 발자취를 확인하고자 현장을 찾아다닌다는 말에 내심 놀랐다. 사실 필자는 여성독립운동가의 발자취를 찾아 수많은 사람을 만나고 학교를 찾아가 보았지만 이러한 열정과 사명감으로 여성독립운동가를 공부하고 그 정신을 기리고자 애쓰는 교장 선생님은 많지 않았던 기억이다.

이희천 교장 선생님과의 대담을 마치고 김마리아 열사를 비롯한 김순애, 김영순, 장선희, 이정숙, 신의경 등 수많은 여성독립운동가를 배출한 독립운동의 산실인 정신여고 교정을 걸어 나오다가 마침 수업을 마친 학생들과 마주쳤다.

가볍게 목례로 방문자를 반기는 학생들의 예의바른 모습에서 100여 년 전 정동여학당 시절 "한국 전통의 생활관습과 예절을 존중하여 하루 10여 차례 공손히 꿇어앉아 평절로 인사하는 것을 규범으로 삼았다."는 창립 당시의 모습이 떠올랐다. 비록 교정은 당시 그 모습이 아니지만, 정신만은 선배들의 올곧은 정신을 그대로 이어가고 있는 것 같아 흐뭇했다. 필자는 취재를 마치고 나오면서 여성독립운동의 산실 정신여고에서 '독립정신'의 강한 에너지를 느꼈다.

6. 13명의 여전사를 이끌고 투쟁한 경성여상 "이부성"

이부성(李斧星, 1908~모름) 지사는 경기도 광주군 돌마면 여수리 출신으로 1930년 1월 16일 서울에서 경성여자상업학교(현 서울여자상업고등학교) 재학 중 광주학생운동에 동조하는 동맹휴교 운동에 참여하였다가 체포되어 구류 20일을 받고 옥고를 치렀다.

당시 경성여자상업학교 재학 중에 동맹휴교 만세시위에 참석한 여학생들의 면면을 살펴보면 다음과 같다.

이부성(23), 박성희(20), 김여진(20), 신애숙(21), 신일근(18), 윤복순(20), 유경무(20), 박금덕(19), 이영희(19), 이송죽(21), 최덕희(19), 김진록(19), 유순덕(18), 성애옥(18), 정귀원(18) 등이다. 체포된 13명 가운데 이부성 지사가 23살로 가장 연장자다.

이들을 검거한 기관은 서대문경찰서로 경찰서장은 이들 명단을 작성하여 경성지방 검사국에 '만세소요에 의한 구류 여학생에 관한 건'이라는 제목으로 보고했다.(1930.2.6.)

한 가지 의문은 경성지방 검사국 문서인 '만세소요에 의한 구류 여학생에 관한 건'에서는 이 학교 학생 13명이 검거된 것으로 나온다. 그러나

1931년 6월 14일(서울대중앙도서관 소장 제공) 신문 기사에 따르면 경성여자상업학교 여학생 40명이 무기정학을 받았다고 보도하고 있다.

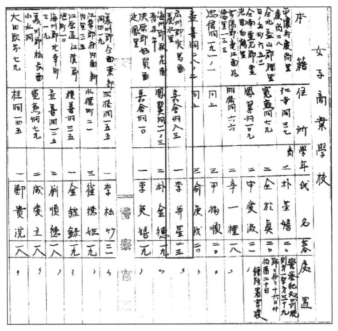

경성지방검사국 문서 이부성 지사 '만세소요에 의한 구류 여학생에 관한 건'
(서대문경찰서.1930.2.6.)

유감인 것은 이 신문의 출처와 날짜가 불명하다는 점이다. 단지 경성여자상업학교 40명 무기정학이라는 제목과 동맹휴학으로 40명이 무기정학 처분당했다는 정도의 기사만 남아 있어 구체적인 내용을 알 수 없는 상태다. 이 기사는 일본어로 작성된 기사라는 점이 특이하며 소화6년(1931) 6월 14일이라는 고무인이 찍혀 있고, 현재는 서울대중앙도서관에서 소장하고 있다는 것 외에는 알 길이 없다. 다만 이 기사로 알 수 있는 것은 경성여자상업학교 여학생들이 대거 광주학생운동에 동조 시위를 했다는 사실이다.

경성여자상업학교 40명 무기정학, 신문명 미상
(서울대중앙도서관 소장.1931.6.14)

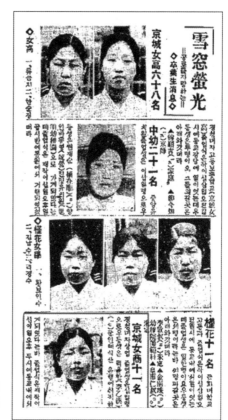

경성여자상업학교 첫 졸업생 기사. 당시에는 여학교별로 졸업생 명단이 신문에 보도되던 때였다.(동아일보,1927.3.24.)

이부성 지사가 다니던 경성여자상업학교는 1926년 4월 1일 참정대신 한규설 선생의 아들인 한양호 씨가 경성 청석동(靑石洞, 지금의 서울시 종로구 견지동)에 본과 3년, 전수과 1년 과정으로 설립한 것이 그 시초다. 한양호 씨는 구한말 을사조약을 끝까지 반대하였던 아버지 한규설 선생의 애국정신을 이어받아, 자신의 능력을 개발하고 나아가 국가의 독립에 이바지할 수 있는 여성 인재를 키울 목적으로 경성여자상업학교를 설립하였다.

경성여상 수업광경(1930년대) <한국콘텐츠진흥원 컬처링(www.culturing.kr) 제공>

이부성 지사가 광주학생사건에 연루되어 경찰에 잡힌 때는 1930년으로 학교 설립 3년 만의 일이다. 당시 경성여자상업학교의 수업 연한은 3년으로 본과와 1년의 전수과를 두었는데 여자상업학교로는 전국 최초로 설립된 학교로 한국인만 입학할 수 있었다. 본과 350명, 전수과 50명의 학생들이 배운 교과목은 국어·수신(修身:도덕)·일어·세계사·이과·영어·기하·대수·가사·미술·음악·체조·상과 등이었다. 1936년 서울 홍제동 38번지에 땅 1만 평을 사서 교사(校舍)와 강당 등을 지어 이사했다. 경성여자상업학교는 1951년 학제 개편에 따라 서울문영여자중학교와 서울여자상업고등학교로 분리되었으며 1991년에는 서울 관악구 봉천동으로 학교를 이전했다. 현재, 서울여자사업고등학교의 교훈은 '성실·근면'이다. 이는 이부성 지사가 다니던 시절의 경성여자상업학교 교훈인 '성실·근면'을 그대로 이어받은 것이다. 서울 학생들이 지방인 광주에서 일어난 학생운동에 동조하여 남녀를 가리지 않고 만세시위에 뛰어든 것을 두고 《독립운동사》 책에서 정세현 교수는 "(1929년) 서울의 12월 학생 궐기는 남학생들이 궐기 기세를 고양했고(1930년) 1월 궐기에서는 남녀 학생의 대일항쟁 기조가 같았다. 하지만 저항 운동을 전개하는 방법에 있어서는 여학생들이 격문과 전단을 준비하는 등 사전에 상당한 준비가 있었다."고 말했다.

야무진 여학생들이 만든 격문과 전단 내용은 무엇이었을까?

> 조선학생대중이여!
>
> 당신들은 저 제국주의적 이민배의 광만적 폭거를 확문하였을 것이다.
> 이것은 광주조선학생 동지의 학살의 음모인 동시에 조선학생에 대한 박살적 시위이다.(중간줄임) 그들의 언론기관은 여기에 선동하였으며, 그들 횡포배들은 일본인의 생명을 위하여 조선인을 죽이라는 구호 아래 소방대와 청년단을 무장시켰고, 재향군 연합군을 소집하여 횡포 무쌍한 만행이 있은 후에 소위 그들의 사법경찰을 총동원하여 광주학생 동지 4백여 명을 참혹한 철쇄에 묶어 넣었다.

여러분! 궐기하라!
우리들의 선혈의 최후의 일적(한방울)까지 조선학생의 이익과 약소민족의 승리를 위하여 항쟁적 전투에 공헌하라!
1. 검속된 광주조선학생 동지를 즉시 탈환하라.
2. 식민지 노예 교육을 반대하라.
3. 살인적 폭도인 일본 이민군을 구축하라.
4. 신간회와 청총에 민족적 환기를 호소하라.

이는 〈광주학생사건 조사보고서〉에 나오는 기록이다. 읽고 있으면 두 주먹이 쥐어지고 피가 용솟음쳐 오를 것만 같다. 경성여자상업학교 학생들을 포함한 젊은 혈기의 전국 학생들은 일제의 광주학생운동 탄압에 저항하여 격문과 혈서로 투쟁하였다.

경산대회에서 주판알을 굴리고 있는 여학생들(1945)
〈한국콘텐츠진흥원 컬처링(www.culturing.kr) 제공〉

이부성 지사는 광주학생운동 동조 시위 공로를 국가보훈처로부터 인정받아 2019년 대통령표창을 추서 받았다. 이부성 지사처럼 경성여자상업학교 출신의 포상자는 박성희(2018년, 대통령표창), 신애숙(2019년, 대통령표창), 신일근(2019년, 대통령표창), 윤복순(2019년, 대통령표창), 박금덕(2019년, 대통령표창), 이영희(2019년, 대통령표창), 이송죽(2019년, 대통령표창), 유순덕(2019년, 대통령표창), 송계월(2019년, 건국포장) 등이다. 이들과 함께 활약한 김여진, 유경무, 성애옥, 김진록, 최덕희, 정귀원 등은 2020년 8월 현재 포상이 이뤄지지 않고 있다.

※ 이부성 지사 2019년 대통령표창 추서

경성여자상업학교를 중퇴한
이병희 지사가 입원 중인 요양원을 찾아서

(이 글은 2011년 7월 18일, 95세로 부천 사랑마루 요양원에 입원해 계실 때 만나 뵙고 쓴 것이다. 대담 뒤 이병희 지사는 이듬해인 2012년 8월 2일 96세를 일기로 숨을 거두었다.)

1996년 건국훈장 애족장을 받은 이병희 지사(1918.1.14. ~ 2012.8.2)는 경성여자상업학교에 입학하였으나 큰아버지 이원근의 "지금은 학교보다 나라의 광복이 더 시급하다"는 말을 듣고 1년 만에 중퇴하고 조선 최대의 일본인 방직공장인 종연방적주식회사 여공으로 취업했다. 이병희 지사는 이곳에서 여공 500여 명을 상대로 포섭 활동을 벌인 후 좌파 노동조직을 결성, 파업을 주도하다가 이듬해 동대문 경찰서에 체포되어 조선공산당 재건 기초공작을 했다는 이유로 치안유지법을 적용하여 징역 2년 4개월을 선고받고 서대문형무소에서 옥고를 치렀다.

2011년 7월 18일, 이병희 지사를 찾아뵈려고 수소문한 끝에 가까스로 이병희 지사의 며느님과 전화 연결이 되었다.

"어머님은 그런대로 이야기를 나눌 수 있지만, 간혹 앞뒤가 안 맞을 때도 있을 겁니다."

자신이 모셔야 하는데 여의치가 않아 요양원에 계신 시어머님이 안쓰러운 듯 독립운동가 이병희 지사의 며느님은 상냥한 목소리로 시어머님의 근황을 알려주었다. 며느님이 가르쳐준 약도대로 요양원을 향하는 마음은 설렘과 동시에 건강이 염려되었다. 이 시대의 여성독립운동가 중 몇 안 되는 생존자이신 이병희 지사를 만나러 부평 갈산동에 있는 〈사랑마루요양원〉에 찾아가던 날은 막바지 굵은 장맛비가 쏟아져 우산을 써도 바짓가랑이가 흠뻑 젖어버렸다.

'사랑은 마주 보며 이루어진다.'라는 예쁜 이름의 '사랑마루' 요양원 4층 창가 침대에서 필자를 반갑게 맞이하는 이병희 지사는 바람이 불면 날아가 버릴 듯 몸이 많이 수척해 보였다. 그러나 정신만은 새벽녘 맑은 별처럼 또렷했다. 이병희 지사는 필자가 내민 명함의 작은 글씨를 한자도 틀리지 않고 또렷하게 읽어 내려가면서 놀랍게도 '돋보기 없이 글을 읽는다.'라고 했다. 그리고 자신은 1918년생이며 올해(2011년)로 95세라는 것과 칠십여 년 전의 항일독립운동 이야기를 또랑또랑한 목소리로 말씀해 주시는 모습이 마치 지리산 도인을 만난 듯했다.

이병희 지사의 할아버지 이동하(1875～1958) 선생은 동창학교를 설립해 민족교육을 이끈 독립운동 1세대이며 아버지 이경식 선생은 1925년 9월 대구에서 조직된 비밀결사 암살단 단원으로 활약했다.

"그날 형무소 간수로부터 육사가 죽었다고 연락이 왔어. 저녁 5시가 되어 달려갔더니 코에서 거품과 피가 나오는 거야. 아무래도 고문으로 죽은 것 같아"라고 말하면서 자신이 출옥할 때만 해도 멀쩡하던 사람이 죽었다는 것을 믿을 수 없다고 이병희 지사는 말했다. 이병희 지사는 이육사의 시신을 화장하여 가족에게 넘겨 줄 때까지 유골 단지를 품에 안고 다녔으며 혹시 일제가 훼손하지는 않을까 전전긍긍해서 심지어는 맞선을 보러 가는 날도 이육사의 유골을 품에 안고 나갔다고 했다.

'광야' '청포도' 같은 육사의 주옥같은 시는 이병희 지사가 없었더라면 알려지지 않았을 것이다. 하지만, 이병희 지사는 지난 50여 년간 자신의 독립운동을 숨기고 살아야 했다. 이른바 '사회주의계열' 여성독립운동가로 낙인 찍혀 조국 광복에 혁혁한 공을 세우고도 그늘진 곳에서 숨죽이며 살아야 했던 것이다. 이병희 지사는 1996년에 가서야 겨우 정부로부터 독립운동을 인정받아 건국훈장 애족장을 받게 되는데 이렇게 숨죽이며 살았던 여성 애국지사로는 이효정(1913 ~ 2010, 1996. 건국포장) 지사도 있다. 이효정 지사는 이병희 지사의 친정 조카다.

대담을 마치고 나오려는데 구순의 애국지사는 푸른 실핏줄이 선연한 앙상한 손으로 필자의 손을 꼭 움켜쥐며 "너는 끝까지 나라를 지켜라. 깨끗이 살다가 죽거라"라고 하시던 아버지의 유언을 전하면서 "젊은이들이 독립운동정신을 잊지 않고 훌륭한 나라를 만들어 주었으면 한다."고 당부했다. 요양원 벽면에는 이병희 지사가 색칠한 예쁜 꽃 한 송이가 방긋이 웃고 있었다.

요양원을 찾아간 필자에게 독립지사들의 삶을 잊지 말라고 당부하시던 이병희 지사와 필자(왼쪽)
요양원 벽에 붙은 이병희 지사가 손수 색칠한 예쁜 꽃 그림

7. 독립선언 장소 태화관의 정신 이은
태화여학교 "김동희"

김동희(金東姬, 1900 ~ 모름) 지사는 경기도 장단군 강상면 마상리 90번지 출신으로 1930년 1월 15일 서울에서 태화여학교 1학년 재학 중 광주학생운동에 동조하는 만세운동과 동맹휴교에 참여하다 체포되어 옥고를 치렀다.

1919년 3·1독립선언서를 낭독했던 태화관 터 표지석

이화학당(1886. 미국 선교사 스크랜턴부인 설립), 배화여학교(1898. 미국 남감리교 여선교사 조세핀 필 캠벨 설립), 정신여학교(1887. 미국 북장로교 의료 선교사

애니 엘러스 설립), 광주 수피아여학교(1908. 미국 남장로교 선교사 유진벨 설립)
등 초창기 우리나라에 생긴 대부분 여학교가 기독교 선교사들에 의해 설
립되었다. 그러나 태화여학교의 경우는 '자생적 여권운동으로 태동한 학
교'로 선교학교들과는 다른 점들이 있었다. 1919년 2월 28일, 민족대표
33인이 모여 독립선언을 했던 태화관(泰和館)의 태화(泰和)가 곧 태화여학
교(泰和女學校)의 태동과 밀접한 관계가 있다는 것도 흥미로운 사실이다.
더 흥미로운 것은 김동희 지사가 태화여학교에 입학한 나이다. 무려 31
살의 만학도가 된 김동희 지사는 1930년 2월 6일 서대문경찰서에서 작
성하여 경성지방 검사국에 보낸 '만세소요에 의한 구류 여학생에 관한
건' 문건에 그 자세한 신상정보가 남아 있다. 이날 김동희 지사를 비롯한
태화여학교 재학 중에 잡혀간 여학생 명단을 보면 다음과 같다.

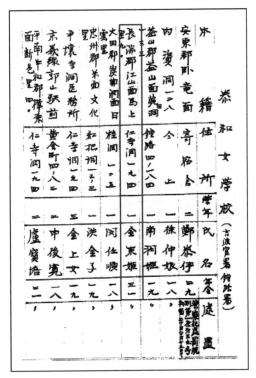

경성지방검사국 문서 김동희
지사 '만세소요에 의한 구류
여학생에 관한 건' (서대문경
찰서.1930.2.6.)

김동희(31), 정태이(29), 서중희(18), 남하희(19), 문임순(18), 홍금자(19), 김상녀(19), 신준실(18), 노보배(21) 등 모두 9명이다. 이들의 주소와 나이, 이름, 학년 등이 고스란히 적혀있는 기록이 남아 있어 당시 만세운동에 참여한 학생들의 면면을 알 수 있어 다행이다.

태화여학교 1학년생인 김동희 지사가 31살로 가장 많고 두 번째는 2학년인 정태이가 29살이고 나머지는 10대다. 1929년 8월 29일치 〈매일신보〉의 '부인학생(婦人學生)의 호기(好機), 태화여자관에서는 9월 1일부터 개학'이라는 기사에 따르면 태화여자관(태화여학교)에 입학 가능한 나이는 16세부터 40세까지다. 조혼을 하던 그 무렵에 40세의 나이는 숫제 할머니에 해당하는 나이일지도 모른다. 하지만 태화여자관에서는 나이든 여성들에게도 학업의 기회를 주고 있었으며 김동희 지사도 31세의 나이에 만학의 꿈을 이루었다.

16세부터 40세까지 입학이 가능하다는 내용의 태화여자관(태화여학교)에 관한 기사
(매일신보, 1929.8.29.)

1929년 12월에 들어서면서 서울 학생들의 대일항쟁 의지는 더욱 뜨겁게 타올랐다. 12월 10일에 숙명과 근화여학교가 휘문·배재 등에 이어 만세를 불렀고, 11일과 13일에는 이화·경성여상·동덕·실천여학교, 배화·진명·중앙보육·정신여학교가 동맹휴학 등의 방법으로 시위에 동참하였다.

학생들의 시위가 퍼지자 당국에서는 학생운동 저지를 위한 강제 조기 방학에 들어갔다. 그러나 1930년 1학기가 시작되자 학생들은 더 조직적이고 강렬한 시위운동을 펼쳤다. 경성여상·실천여학교·동덕여고보·정명여학교·배화여고보·진명여고보·숙명여고보·경성보육·태화여학교 학생들이 교내외에서 궐기를 시작한 것이다.

김동희 지사가 잡혀간 이 날 태화여학교 9명 외에 살펴보면 근화여학교 22명, 실천여자고등보통학교 11명, 숙명여학교 4명, 여자실업학교 15명, 정신여학교 13명 등으로 수많은 학생이 광주학생운동에 연루되어 옥고를 치렀다. 물론 이것은 경성지방 검사국 문서인 '만세소요에 의한 구류 여학생에 관한 건'에 기록된 것만을 이야기하는 것으로 기타 자료들이 더 있을 것으로 사료된다.

서울 학생의 항일운동은 순식간에 전국적으로 퍼져 참가한 학교 194개, 학생 수 5만 4,000여 명이었으며, 퇴학 처분자 582명, 무기정학 2,330명, 피검자 1,642명으로 광주학생운동은 1919년 3·1만세운동 이후 최대의 대일민족항쟁으로 기록되고 있다.

※ 김동희 지사 2019년 대통령표창 추서

제 2 장

3·1만세시위에 앞장선
여성독립운동가

8. 삼엄한 경계 뚫은 배화인의 나라사랑
"소은숙"

검정치마 저고리 차림의 서대문형무소 수형자 카드 속에 빛바랜 한 장의 흑백사진, 그 사진의 주인공은 배화여학교(현, 배화여자고등학교)에 재학 중이던 열일곱 꿈 많은 소녀 소은숙(邵恩淑, 1903.11.7. ~ 모름) 지사다. 소은숙 지사는 경기도 연천군 군남면 남계리 109번지가 고향으로 1903년생인 소은숙 지사는 1919년 만세운동 당시 열여섯 살이다. 그러나 배화여학교는 아쉽게도 1919년 기미년 만세운동에 참여하지 못하고 이듬해인 1920년 1주년 때 가서야 만세운동에 참여했다. 소은숙 지사 열일곱 때다.

17살 때 소은숙 지사 모습(서대문형무소. 1920.4.5.)

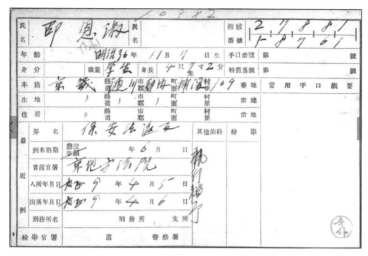

소은숙 지사 수형자기록카드(서대문형무소.1920.4.5.)

배화여학교가 1919년 3·1만세시위에 참석하지 못한 것은 이날 여학생들이 만세시위에 참여할 것을 눈치챈 스미스 교장이 3·1만세시위에 참여하지 못하도록 기숙사 문을 칭칭 걸어 잠근 데 기인한다. 소은숙 지사 등은 뜻하지 않은 감금 상태로 애가 타들어 갔다. 서울 시내 학생들과 비밀리에 약속한 장소에 갈 수가 없었기 때문이다. 이날 오후 일본 헌병들이 기숙사로 들이닥쳐 만세시위를 사전에 모의한 학생들을 조사하자 스미스 교장은 학생들을 보호하려는 뜻에서 이들이 나가지 못하도록 조치한 것이었다. 이 일로 배화여학교는 1919년 거국적인 3·1만세시위에 불참하게 되었다.

1920년 3월 1일은 3·1절 1주년을 맞이하는 해다. 이날 배화여학교에서는 소은숙, 안옥자, 안희경, 박양순, 김마리아, 김성재, 김의순, 문상옥, 박경자, 박신삼, 박하향, 김경화, 성혜자, 소사명, 소사숙, 손영선, 옥종순, 윤경옥, 이남규, 이수희, 이신천, 이용녀, 지사원, 최란, 한수자 등 24명의 여학생이 만세시위에 나섰다가 서대문형무소로 잡혀 들어갔다.

행인지 불행인지 서대문형무소로 잡혀간 여학생들은 일제 경찰이 사진을 찍어 신상카드(수형자카드)를 만들어 놓는 바람에 오늘날 얼굴 모습이라도 볼 수 있다. 그러나 형무소 수감자들이 아닌 경우에는 얼굴 사진 한 장 남아 있지 않다. 특히 독립운동 당시에는 사진기술도 좋지 않았을 뿐만 아니라 사진을 찍어두면 발각될 것이 염려되어 얼굴 사진이 없는 여성독립운동가가 많다.

사진도 사진이지만 배화여학교의 경우 만세시위에 참여하여 옥살이를 하고도 국가보훈처로부터 오랫동안 독립유공자로 인정받지 못했다. 그러다가 3·1만세운동 100주년을 맞는 2019년에 가서야 소은숙 지사를 비롯한 18명의 학생을 포상한 것이다. 그러나 여전히 24명 중 6명(2020년 3월 현재)은 미포상자로 남아 있다. 100년의 세월이 흐르도록 배화여학교 학생들은 역사 속에 묻혀 있었던 것이다. 국가보훈처는 왜 이렇게 유독 여성독립운동가들의 포상에 인색한 것일까?

참고로 2020년 3월 1일 현재, 포상받은 남성독립운동가는 15,438명이고 여성독립운동가는 477명이다. 숫자상으로 봐도 여성은 남성의 10%는커녕 5%에도 못 미친다. 독립운동은 똑같이 했어도 포상의 길은 더디고 느리다. 언제 독립운동가들이 사후 훈장을 달라고 했던가? 한 분이라도 살아 계셨을 때 불굴의 투지로 헌신한 분들을 보듬어 드렸더라면 좋았을 텐데 하는 아쉬움이 든다. 늦었지만 이제라도 한 분 한 분의 이름을 불러주는 우리가 되어야하지 않을까? 열일곱, 소은숙 지사도 그렇게 기억해야 할 분 가운데 한 분이다.

※ 소은숙 지사 2018년 대통령표창 추서

다음은 배화여학교 출신으로 독립유공자 포상을 받은 분들이다.

〈배화여학교 독립운동가 포상 현황〉

연번	이름	생존기간	본적	훈격	포상 년도
1	이수희(李壽喜)	1904 ~ 모름	경기도 경성	대통령표창	2018
2	김경화(金敬和)	1901 ~ 모름	강원도 양양	〃	2018
3	손영선(孫永善)	1902 ~ 모름	황해도 장연	〃	2019
4	한수자(韓壽子)	1903 ~ 모름	강원도 양구	**미포상**	·
5	이신천(李信天)	1903 ~ 모름	황해도 장연	대통령표창	2019
6	김마리아 (金瑪利亞)	1903 ~ 모름	경기도 포천	〃	2018
7	안희경(安喜敬)	1902 ~ 모름	경기도 포천	〃	2018
8	안옥자(安玉子)	1902 ~ 모름	경기도 포천	〃	2018
9	윤경옥(尹璟玉)	1902 ~ 모름	강원도 춘천	〃	2018
10	박하경(朴夏卿)	1904 ~ 모름	경기도 경성	〃	2018
11	문상옥(文相玉)	1903 ~ 모름	경기도 금곡	**미포상**	·
12	김성재(金成才)	1905 ~ 모름	황해도 장연	대통령표창	2019
13	김의순(金義順)	1903 ~ 모름	경기도 경성	**미포상**	·
14	이용녀(李龍女)	1904 ~ 모름	황해도 장연	대통령표창	2019
15	소은숙(邵恩淑)	1903 ~ 모름	경기도 연천	〃	2018
16	지은원(池恩院)	1904 ~ 모름	강원도 춘천	〃	2019
17	박신삼(朴信三)	1903 ~ 모름	충청북도 충주	**미포상**	·
18	최난씨(崔蘭氏)	1903 ~ 모름	경기도 가평	**미포상**	·
19	소은명(邵恩明)	1905 ~ 모름	경기도 연천	대통령표창	2018
20	박양순(朴良順)	1903 ~ 모름	경기도 시흥	〃	2018
21	박경자(朴景子)	1903 ~ 모름	강원도 김화	**미포상**	·
22	성혜자(成惠子)	1904 ~ 모름	경기도 경성	대통령표창	2018
23	왕종순(王宗順)	1905 ~ 1994	강원도 철원	〃	2019
24	이남규(李南奎)	1903 ~ 모름	강원도 김화	〃	2019

(국가보훈처 공훈전자사료관 참조 정리, 2020.3.1. 현재)
*별색표시는 경기도 출신임

독립운동가 24명을 배출한
배화여학교를 찾아서

"이번(2018) 제73돌 광복절을 맞아 98년 전 배화여학교(현, 배화여자
고등학교)에 다니던 이 학교 6명의 소녀들이 독립유공자로 추서되어
기쁩니다. 배화여학교의 독립운동은 3·1만세운동 1주년 때인 1920
년 3월 1일 일어났습니다. 당시 배화여학교에는 독립정신이 투철하
신 남궁 억(1863 ~ 1939, 1977, 독립장), 김응집(1897 ~ 1937, 2008, 건국
포장), 차미리사(1880 ~ 1955, 2002, 애족장)와 같은 민족의식이 강한
교사들이 있었습니다."

이는 배화여자고등학교 오세훈 교장 선생의 이야기다. 오세훈 교장 선생
은 2018년 9월 12일 수요일 낮 3시, 미리 약속하고 찾아간 필자를 만세
운동 자료실로 안내했다. 배화여고 만세운동 자료실에는 벽면 가득히 만
세운동 당시의 사진들이 전시되어 있었고 유리 진열대 속에는 졸업장 등
당시 학생들의 자료들이 진열되어 있었다.

이번(2018) 8·15 광복절에 국가보훈처로부터 독립유공자로 서훈을 받은
6명의 배화여학교 출신 여성독립운동가는 김경화(金敬和), 박양순(朴良順),
성혜자(成惠子), 소은명(邵恩明), 안옥자(安玉子), 안희경(安喜敬) 지사다.

배화여학교의 만세운동은 1919년 3월 1일이 아니라 1주년이 되는 1920

년 3월 1일에 일어났다. 그렇다고 1919년 3월 1일에 침묵하고 있었던 것은 아니다. 거국적인 거사날인 3월 1일을 이틀 앞둔 2월 27일 밤, 기숙사생들이 잠든 사이 배화여학교 학생 대표인 김정애, 김해라, 최은심 등은 식당에 모여 거사날에 전교생을 동원할 방법을 모의했다. 이에 앞서 김정애는 당시 여학생의 연락본부인 이화학당 지하실에서 등사한 독립선언문을 두 번에 나누어 가져와 배화학당에 몰래 숨겨두었다. 독립선언문의 일부는 배화학당에서 쓸 것이고 일부는 거사날 시내 시위 때 쓰려고 준비해놓은 것이었다.

이들은 2월 27일과 28일 밤, 기숙사 뒤편 철망을 넘어 시내 상가에 선언문을 미리 배포해 놓고 3월 1일을 기다렸다. 그러나 거사날인 3월 1일에는 정작 만세운동에 참여할 수 없었다. 당시 스미스 교장 선생은 만세운동으로 학생들이 잡혀갈 것을 우려해 학생들이 모이지 못하게 조치를 취했다. 거기에다가 이날 오후에 일본 헌병이 들이닥쳐 만세시위 사전 주모 학생들을 찾기 시작하는 바람에 배화여학교는 1919년 3·1만세시위에 참여하지 못했다. 이후 곧바로 3월 10일 휴교령이 내려지는 바람에 학생들은 고향집으로 가는 등 뿔뿔이 흩어지고 말았다.

그 뒤 수업이 재개된 학교에서 남궁 억, 김응집, 차미리사와 같은 민족의식이 투철한 교사들은 상해 임시정부의 소식 등을 전하며 "썩은 줄과 같은 일본 정책을 끊고 일어서라."는 격문을 지어 배화여학교의 학생들에게 민족정신을 키워주는 교육에 전념하였다. 그 결과 1920년 3월 1일 배화여학교의 학생들이 '3·1운동 1주년 만세운동'의 불을 지필 수 있게 된 것이다.

1920년 3월 1일 새벽, 배화여학교의 여학생 40명은 학교 뒷산인 필운대로 올라가 대한독립만세를 목청껏 불렀다. 새벽을 깨우는 이들의 함성은 하늘을 찌를 듯 우렁찼다. 그러나 이들의 시위 소식을 들은 종로경찰서 소속 헌병들이 득달같이 달려와 어린 여학생들을 줄줄이 잡아갔다. 이날의 주동자는 고등과 김경화와 보통과 이수희 학생이다. 이들과 함께 만세운동에 참가했다가 서대문형무소에서 옥살이를 한 학생들은 모두 24명으로 그 이름과 형량은 다음과 같다.

이수희, 김경화 : 징역 1년, 집행유예 3년
손영희, 한수자, 이신천, 안희경, 안옥자, 윤경옥, 박하경, 문상옥, 김성재, 김의순, 이용녀, 소은숙, 박신삼, 지은원, 소은경(국가보훈처 기록에는 소은명), 최난씨, 박양순, 박경자, 성혜자, 왕종순, 이남규, 김마리아 : 징역 6개월, 집행유예 2년

2018년 8·15광복절에 포상받은 배화여학교 6인의 소녀들, 김경화, 박양순, 성혜자(윗줄), 소은경, 안옥자, 안희경 지사(아랫줄)

교실과 함께 쓰고 있는 배화여고 독립운동 자료실 모습

민족의식이 투철한 교사들과 그 아래서 빼앗긴 나라를 되찾기 위해 고군 분투한 배화여학교 학생들의 처절한 절규는 자료실에 그대로 보존되어 있었다. 아쉬운 것은 교실 하나를 자료실로 쓰고 있어 좀 더 생생한 자료 를 보여줄 수 있는 시설이 되지 못하고 있다는 점이다. 그나마도 이 교실 은 "2009년 졸업생 박희정의 아버님(박상윤)께서 꾸며주셨습니다. 2009 년 11월 15일"이라고 쓴 팻말로 보아 개인이 사비로 꾸며준 것 같았다. 올해(2018년) 6명의 여성독립운동가가 서훈을 받은 학교이니 만치 자료실 을 좀 더 알차게 꾸몄으면 하는 생각이 들었다. 알려진 것처럼 배화여고 야말로 여성독립운동가의 산실이 아닌가?

배화여고 자료실을 둘러보면서 문득 광복 68주년(2012)에 7명의 여성독 립운동가를 배출한 목포정명여학교(현 정명여자중·고등학교)의 번듯한 독립 자료관이 떠올랐다. 그간 배화여학교 출신의 여성독립운동가들이 사회 의 조명에서 비껴나 있어서 이들을 기리는 시설을 제대로 마련할 수 없었

현재 교무실 등으로 쓰고 있는 캠벨기념관(등록문화재 제673호, 1926)

는지 모른다. 하지만 배화여학교가 이제는 독립운동의 산실로 당당히 자리매김 되었으니 제대로 된 배화의 독립자료관이 들어섰으면 하는 바람이다.

배화여학교의 배화(培花)란 꽃을 배양한다는 뜻으로 조선의 여성을 신앙과 교육으로 아름답게 배양하여 꽃 피워내는 배움의 터전이란 뜻을 품고 있다. 올해(2018년)로 개교 120주년을 맞이하는 배화여자고등학교는 1898년 10월 2일, 미국 남감리교 여선교사 조세핀 필 캠벨(Mrs. Josephine Eaton Peel Campbell) 여사가 당시 고간동(현 내자동)에서 여학생 2명과 남학생 3명으로 시작한 학교다. 현재는 839명의 재학생들이 과거 서울의 명소인 필운대(서울시문화재자료 제9호, 백사 이항복 집터)를 배경으로 풍광이 아름다운 학교에서 다수의 여성독립운동가를 배출한 학교의 자존심을 걸고 열심히 학업을 닦고 있다.

배화여자고등학교는 개교 120주년의 전통을 간직한 학교답게 교내에는 현재 교무실 등으로 쓰고 있는 캠벨기념관(1926), 생활관으로 쓰고 있는 초기 미국선교사들의 주택으로 사용했던(문화재청 등록문화재 제93호) 건물 등 문화재급 건축물들이 남아 있어 역사의 향기를 느끼게 한다.

교정을 둘러보면서 98년 전 1920년 3월 1일, 만세운동을 주도했던 24명의 배화여학교 여전사들의 함성을 떠올려보았다. 3·1만세운동 100돌을 1년 앞둔 배화여학교가 '서울의 여성독립운동가 산실'임을 증명하는 학교로 거듭났으면 하는 바람을 가져보면서 교정을 나왔다.

9. 일제순사를 두들겨 팬 강화의 억척 여성 "김유의"

김유의(金有義, 1869.1.17. ~ 1947.8.17.) 지사는 경기도 강화군 부내면 신문리 136번지가 고향으로 1919년 3월 18일, 강화읍내 장날 일어난 강화 만세 시위에 참여하였다가 체포되어 소요, 보안법위반, 출판법위반이라는 죄명으로 징역 6월을 선고받고 옥고를 치렀다. 김유의 지사의 1919년 12월 18일 경성지방법원의 판결문에 따르면,

"피고 김유의는 대정 8년(1919년) 3월 14일 피고 장동원으로부터 위 조선 독립선언서 외 3종의 불온문서를 받아 가지고 일반인에게 배포하여 3월 18일 독립시위운동을 일으키기로 하고 17일 밤 피고 등의 마을에서 강화읍내로 가는 통로와 여러 사람이 보기 쉬운 동면 국화리 거리에 위의 불온문서를 배포하여 치안을 방해한 자다. 김유의의 이러한 범행(만세시위)은 일시적인 것이 아니라 계속된 의사에 관계된 것이다." 라고 판결 이유를 밝히고 있다.

좀 더 구체적으로 살펴보면 김유의 지사는 이진형, 황유부, 황도문, 조종환 등과 2만여 명의 군중과 함께 조선독립만세를 부르고 조선독립선언서 및 국민회보 등의 문서를 배포하였으며 군청, 경찰서 등에 몰려가 순사를 구타하는 등 소요를 일으켜 치안을 방해한 죄명을 쓴 것이다.

김유의 지사의 판결문(앞쪽 부분), 가운데는 조인애 지사의 이름도 보인다.
(경성지방법원 1919.12.18.)

1919년 3월 18일 강화도에서는 2만여 명이 참여한 만세운동이 일어났는데 이는 단일시위로는 전국 최대 규모였다. 만세운동의 시작은 길상면 선두리교회(현 선두교회)에 다니던 연희전문대생 황도문(黃道文, 당시 22세, 2001. 건국포장)학생으로부터였다. 그는 3월 5일 서울역에서 열린 학생대연합시위에 참여하면서 3·1만세운동을 목격하고 이튿날 강화로 내려와 길직교회 권사이던 유봉진(劉鳳鎭, 당시 34세, 1990. 애족장) 지사에게 이 같은 소식을 전했다.

유봉진 지사는 강화진위대가 강제 해산될 때까지 일본군과 전투를 벌여 혁혁한 공을 세운 인물 중 한 명이었다. 1915년부터 이어져 오던 성령운동, '마리산 부흥회'를 이끈 지도자 중 한 사람이기도 했다. 부부 독립운동가인 유봉진, 조인애 지사는 '길상결사대'를 조직하여 강화지역의 만세운동을 진두지휘 했던 인물이다. 유봉진 지사는 길상면의 감리교도들을 중심으로 조직한 길상결사대에서 결사대장을 맡고, 황도문, 황유부, 염성오, 장윤백, 조종렬, 조종환 등 21명을 모아 강화읍 장날인 3월 18일을 거사날로 잡았다.

강화중앙교회(옛 강화읍교회)에 세운 삼일독립만세운동기념비

당시 김유의 지사는 51살의 나이로 평균수명이 지금보다 짧던 시절의 나이치고는 고령이었다. 김유의 지사는 독실한 기독교인으로 강화중앙교회(옛 강화읍교회)의 전도부인으로 활약하고 있었다. 강화중앙교회는 김유의 지사 외에도 강화진위대장 출신으로 상해 임시정부 초대 국무총리를 지낸 이동휘(李東輝, 1873 ~ 1935, 1995. 대통령장) 지사, 유경근(劉景根, 1877 ~ 1956, 1990. 애족장) 지사, 조구원(趙龜元, 1897 ~ 1928, 2014. 대통령표창) 지사 등도 독립운동에 뛰어들었다.

결전의 날이 다가오자 서울에서 가져온 '독립선언서'를 황유부의 집에서 비밀리에 수백 장 인쇄했다. 이를 강화 전역에 배포하기로 한 것은 염성오(廉成五, 1877 ~ 1947, 1990. 애족장) 지사였으나 염성오 지사에게 인쇄물을 전달한 것은 김유의 지사였다. 독립선언서를 운반하다 잡힐지도 모르는 상황에서 김유의 지사는 단독으로 이 일을 해냈다. 상상할 수 없는 용

기와 투지로 김유의 지사는 독립선언서를 염성오 지사에게 전달하는 데
성공했다.

1919년 12월 20일 <매일신보>에는 '강화소요범 십팔일에 언도'라는 제목으로 김유의 지사 등의 판
결 소식을 전하고 있다.

한편, 유봉진 지사는 강화 본섬은 물론이고 부속 섬들까지 일일이 찾아다
니며 3·1만세시위 참여를 독려했다. 그는 속옷 상의에다 '유봉진 독립결
사대'라고 쓴 글씨를 펼쳐 보이며 동지들을 모았다. 가가호호 다니면서
만세시위의 필요성과 한 집도 빠짐없이 만세시위에 참여해달라고 독려한
유봉진 지사의 적극성에 힘입어 강화만세 시위 규모는 2만 명이라는 엄
청난 시위대를 모았다.

강화군의 만세시위는 3월 13일 운동이 시작된 이후 4월 13일까지 만 한
달 동안 줄기차게 이어졌으며 이 일로 김유의 지사 등 69명이 재판에 붙
여져 옥고를 치렀다.

※ 김유의 지사 1992년 대통령표창 추서

10. 총부리도 두렵지 않은 파주의 여전사
"임명애"

임명애(林明愛,1886.3.25. ~ 1938.8.28.) 지사는 경기도 파주군 와석면 교하리 578번지가 고향으로 한국구세군 파주 교하 영문의 부교로 열심히 신앙생활을 하고 있었다. 그러다 1919년 거국적인 만세운동이 일어나자 임명애 지사는 1919년 3월 10일(월) 교하리 공립보통학교 교정에서 100명의 학생들과 함께 독립만세를 불러 파주 주민들의 애국심을 불타오르게 하였다.

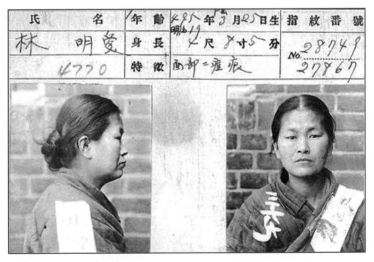

임명애 지사 서대문형무소 수형기록 사진

그 뒤 남편인 염규호(廉圭浩, 1880~1941, 1990. 애족장), 지역유지 김수덕(金守德, 1904~모름, 1990. 애족장), 김선명(金善明, 1896~1967. 2007. 애족장) 등과 함께 보름동안의 준비기간을 거쳐 격문을 인쇄하여 배포한 뒤 3월 26일(수), 700여 명의 주민들과 함께 대한독립만세를 외치며 가두시위를 벌였다.

임명애 지사는 선두에 서서 이들을 지휘하여 면사무소를 습격하였으며 이어 시위대와 주재소로 행진하던 중 일제 경찰의 무차별 사격을 당하였다. 이때 최홍주 등이 그 자리에서 순국하고 시위대는 해산되고 말았다. 이 일로 임명애 지사는 체포되어 1919년 6월 3일 경성지방법원에서 보안법위반과 출판법위반으로 징역 1년 6월을 선고 받고 서대문감옥에 수감되었다. 이때 임명애 지사는 32살의 나이였으며 수감 당시 임신 6개월 상태였다.

출산이 임박하여 1919년 10월에 보석으로 풀려났다가 해산한 뒤 11월에 아기와 함께 재입소했다. 당시 임명애 지사가 수감된 서대문감옥 8호 감방에는 유관순을 비롯한 수원 기생 출신의 김향화, 개성 만세운동의 주역인 어윤희, 권애라, 신관빈, 심영식 등의 감방 동료가 함께 있었다. 1897년 개성에서 태어난 권애라 지사는 유관순의 이화학당 선배였으며 1917년 이화학당을 졸업하고 충교 예배당 내 유치원 교사로 근무했다. 교사로 재직 중, 대한독립을 향한 의지를 불태웠던 권애라 지사는 어윤희 지사 등과 개성 만세 운동에 주도적으로 참여했다.

어윤희 지사는 1880년생으로 충북 충주 출신인데 16살에 결혼했다가 3일 만에 남편을 잃고 전도사로 활동하면서 독립운동에 뛰어들었다. 한편 개성 호수돈여학교 졸업생이자 교회 전도사였던 신관빈 지사는 개성 읍내 만월정, 북본정, 동본정 거리 등에서 지나가는 사람들과 주민에게 독립선언서를 나눠주며 개성 만세날을 알렸고, 심영식 지사는 개성의 미리

흠여학교 졸업생으로 앞을 보지 못하는 시각장애인이었으나 권애라 지사와 어윤희 지사를 도와 만세운동에 참여하다가 일경에 잡혀 서대문감옥 8번방에서 임명애 지사와 만나게 된 것이다.

임명애 지사가 갇혔던 서대문형무소 여옥사 안의 8번방

당시 서대문감옥 건물은 현재는 서대문형무소 역사박물관으로 일반인들에게 공개하고 있는데 2013년 3월 이곳에는 여성죄수들이 갇혀있던 여옥사(女獄舍)가 복원되었다. 복원된 여옥사는 만세운동 당시 모습 그대로인데 비좁은 방에 7~8명씩 집어넣은데다가 여름이면 무덥고 겨울이면 바람이 숭숭 들어오는 매우 열악한 환경이었다.

파주 3·1운동 발상비(경기도 파주시 광탄면 신산1리 134-1)

이러한 곳에서 산모와 아기는 자칫 죽음에 이를 상황이었지만 함께 옥살이를 하던 동료들의 극진한 보살핌으로 1년 6개월의 옥고를 치르고 1920년 9월 25일 만기 출옥을 했으니 그 고생이야 이루 말할 수 없었을 것이다. 불을 따뜻하게 지핀 방에서 산후조리를 해야 할 임산부가 온기 하나 없는 형무소에서 어찌 1년 6개월을 견뎌냈는지 생각만 해도 아찔하다.

임명애 지사는 그토록 소망하던 조국의 광복을 보지 못하고 1938년 8월 28일 52살의 나이로 세상을 떠났다.

※ 임명애 지사 1990년 애족장 추서

파주지역 3·1만세운동 전개 과정

조선 중기의 대표적인 학자 율곡 이이와 청백리 황희 정승의 고장 파주에서도 3·1만세운동은 활기차게 일어났다. 아니 활기차다는 말을 넘어 불같이 타올랐다고 해야 옳을 것이다. 파주는 지리적으로 서울 가까이에 있을뿐더러 북쪽으로 가는 길목이었으므로 다른 지역에 견주어 서울에서 일어나는 독립운동 활동에 발 빠르게 접할 수 있는 유리한 고지에 있었다. 이러한 사실은 파주의 3·1만세운동에 활력소로 작용했다고 할 수 있다.

파주지역의 3·1만세시위는 1919년 3월 10일 와석면 교하리 공립보통학교 시위를 시작으로 치열하게 펼쳐졌다. 이 시위는 3월 27일 청석면 시위로 이어졌으며 28일에는 파주의 대표적인 3·1만세시위로 가장 크고 격렬한 시위가 광탄면 발랑리에서 약 2,000여 명의 군중이 모인 가운데 펼쳐졌다. 이 시위대는 장날인 봉일천장으로 향했으며 시위 군중의 규모는 3,000명을 넘어섰다.

봉일천 장날의 만세시위는 심상각의 주도하에 김응권, 권중환, 심의봉 등이 주축이 된 대표 19명이 이끌었는데 이 날 시위로 광탄면에 사는 박원선 등 6명이 죽고 수십 명이 부상을 당하였다. 이 시위는 단순한 만세시위를 넘어 헌병주재소, 면사무소 등 일제의 무단통치기구에 대한 공격으로 이어지는 격렬한 양상을 보였다.

1919년 3월과 4월에 걸쳐 파주에서 일어난 만세운동의 특징은 학생, 지식인이 앞장선 투쟁으로 시작되어 이후로는 농민 등 기층세력들이 운동의 전면에 떠올랐다는 점이다. 만세시위 양상은 처음에 잠시 평화적 형태를 보였으나 이후 급속도로 일제 식민지배 기구를 공격하는 적극적인 투쟁으로 바뀌었다는 점도 특이하다.

그것은 시위 때마다 면사무소나 헌병주재소를 공격한 사실에서 알 수가 있다. 그리고 마지막으로 장날 등 인파가 많이 모이는 장소를 이용해 조직적인 시위를 하였고 이 과정에서 다른 지역의 원정 시위대가 참여했다는 점도 눈여겨 볼 사항이다.

파주의 3·1만세운동은 전국적인 양상과 맞물려 진행되었고 격렬한 전개 양상을 보이며 많은 체포자와 사상자가 발생한 지역 중 한 곳으로, 확인된 체포자 수는 21명, 사망자 수는 10명에 이른다. 위험한 상황 속에서도 임명애 지사는 여자의 몸으로 일제의 총칼 앞에 두려움을 떨치고 독립만세운동에 앞장섰던 것이다.

임명애 지사 판결문(경성지방법원, 1919.6.3.)

11. 맹인의 몸으로 만세운동에 앞장선 "심영식"

이 세상을
아름답고 행복하게 해주신
내 조국 대한의 어머니
헬렌켈러가 빛의 천사라면
그는 빛과 사랑의 천사이며
조국을 구한 대한의 잔다르크
여기 거룩히 무늬진 대한의 산하에
고독한 소쩍새 벗하시니 무심한
바람과 구름도 쉬어가길 바라노라

- 소운 장수복 -

맹인의 몸으로 독립운동에 뛰어든
심영식 지사

이는 국립대전현충원 지사 묘역(2-263)에 잠들어 있는 심영식 지사의 무덤 묘비에 있는 글이다. 심 지사의 무덤을 찾아갔던 2017년 5월 31일 오후 3시 무렵엔 한줄기 소나기가 지나가 현충원 묘역은 막 청소를 끝낸 것처럼 깨끗했다. 긴 가뭄 속의 한줄기 소나기야말로 단비 중에 단비였다. 한바탕 소나기 덕인지 미세먼지가 없는 깨끗하고 청명한 5월의 하늘 아래 심영식 지사는 소쩍새를 벗하며 빛 찾은 조국의 품안에서 영면의 길에 들어 있었다.

> "피고 심영식은 호수돈여학교 기예과 졸업생으로 맹목적인 부녀자 임에도 불구하고(1919) 3월 4일 오후 2시경 동면 북본정에서 조선독 립 시위운동단 속으로 들어가 두 손을 들고 다중과 함께 조선독립만 세를 외쳤다."

이는 경기도 개성군 송도면 북본리 761번지가 본적인 심영식 지사가 개 성 3·1만세운동에 적극 가담하다 잡혀 그해 5월 6일 경성지방법원에서 이른바 보안법 위반으로 징역 10월형을 선고받았을 때의 판결문이다. 당 시 나이 만 22살인 심영식 지사에게 경성지방법원에서 내린 죄명은 이른 바 '보안법 위반'이었다.

개성의 명문 호수돈여학교 출신으로 꽃다운 나이 스물두 살의 심영식 지 사는 일반인들과 달리 시력을 잃은 맹인이었다. 그런 신체적인 조건 때문 에 남들보다 몇 십 배나 어려운 학업을 마친 심영식 지사지만 개성 시내 에서 대규모 만세운동이 일어난다는 정보를 접하고 때를 기다렸다.

드디어 3월 3일 개성 시내에서는 1천 5백여 명의 군중이 모여 일제 침략 을 규탄하는 대규모 시위가 있었는데 기회를 엿보던 심영식 지사는 모교 인 호수돈여학교 학생들과 이 시위에 참가했다. 심 지사는 맹인의 몸으로 어려움이 따랐지만 개의치 않고 시위 군중 속에서 독립만세를 불렀으며 이날 군중들은 일제의 식산은행 개성지점에 꽂아 둔 일장기를 찢어 버리 는 등 강렬한 시위가 있었다.

심영식 지사가 다닌 개성 호수돈여학교는 권애라, 어윤희 등 이름난 여성 독립운동가가 나온 학교로 1899년 12월 19일 미국인 캐롤(Carroll) 선교사가 개성에서 시작한 주일학교(Sunday School)로부터 비롯된 학교다. 이 주일학교는 그 뒤 개성여학당이라 부르다가 11년 뒤인 1910년 5월 15일, 석조 4층 신축교사를 짓고 구한말 학부대신의 인가를 얻어 학교이름을 호수돈여숙(女塾)이라 불렀다. 심영식 지사가 다니던 1910년대에는 호수돈여숙으로 불리던 시기로 1938년 4월 1일에 호수돈고등여학교로 이름이 바뀌었으며 광복 뒤 분단 이후에는 1953년 2월 14일 대전에서 개교하였다.

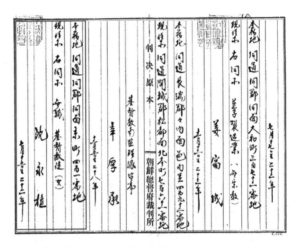

심영식 지사 판결문 일부(경성지방법원, 1919.5.6.)

"개성군 송도면(松都面)은 고려의 송경(松京)으로서 그 이후 배타심이 강했다. 1919년 3월 1일에 개성읍 충교(忠橋) 예배당내 유치원 교사 권애라의 손에 독립선언서가 들어갔다. 그는 이 선언서 80장을 호수돈여자고등보통학교 뒤에서 어윤희에게 넘겨 주요한 인사에게 배부케 하였다. 이로써 3월 3일에 호수돈여자고등보통학교 학생이 거리로 나와 독립가와 찬송가를 부르며 독립만세 시위를 하였다. 학생들의 시위행진에 일반 군중도 가담하여 시위행렬이 늘어갔다."

– 『독립운동사』 제2권 〈삼일운동사(상)〉 190쪽 –

이날 개성 만세운동 시위에 참여했다가 심영식 지사와 함께 일경에 잡혀 구속된 사람은 한종석(징역 1년 6월), 김익룡(징역 1년), 신후승(징역 10월) 외 16명으로 여성은 심영식 지사(징역 10월) 한명 뿐이다. 이들 16명에 대한 판결 이유를 보면,

"대정8년(1919년) 3월 1일 천도교 교주 손병희 등이 제국통치의 굴레에서 벗어나 조선독립국을 수립하자고 외치니 이에 동조하는 자들이 조선 각 지에서 조선독립 시위운동을 시작했다. 경기도 개성군 송도면에서도 역 시 3일과 4일에 걸쳐 기독교도가 경영하는 호수돈여학교 학생 및 같은 경영에 관계된 사립송도고등보통학교 학생이 주동이 되어 다수의 민중이 이에 찬동하여 조선독립만세를 부르며 송도면 내를 횡행하고 조선독립 시위운동을 행하여 정치변혁을 꾀했다."라고 적고 있다.

국립대전현충원(지사 2-263) 심영식 지사 무덤

맹인의 신분으로 개성 만세운동 시위에 앞장선 심영식 지사는 그 공훈을 인정받아 정부로부터 1990년에 건국훈장 애족장을 추서 받았다.

개성의 명문 호수돈여학교와
여성독립운동가들

현재 대전에 있는 호수돈여자고등학교 전신이 개성에 있던 호수돈여학교다. 호수돈여학교는 1899년 12월, 미국인 여선교사 캐롤(Carroll)이 기독교정신을 통한 근대 여성교육을 목적으로 개성에 설립하였다. 캐롤은 미국 남감리교 홀스턴(Holston)연회의 후원으로 개성에 초가집을 사들여 주일학교로 개교하면서 제1대 교장으로 취임하였다. 호수돈은 한국에 후원을 하던 홀스턴 음차(音借)로 만든 이름이다.

1916년, 개성에서는 처음으로 호수돈여학교에 유치원을 병설하였으며 호수돈여자보통학교와 호수돈여자고등보통학교로 분리, 운영하였다. 1918년에는 실업부인 기예과(技藝科)를 신설하였고, 1922년에는 재학생 수가 600명에 이르렀다.

개성 호수돈여학교의 만세운동은 서울의 33인 가운데 한사람이 개성 북부 예배당의 강조원 목사 앞으로 독립선언서를 보내오면서 시작된다. 강목사는 이 선언서를 당시 충교예배당 유치원 교사였던 권애라 지사에게 전달하였고 권 지사는 호수돈여학교 학생들과 개성 만세운동을 기획하게 된다. 당시 호수돈여학교 학생회장이던 이경신과 그의 언니 이경지 자매를 비롯하여, 유정희, 조화벽, 김낸시, 이봉근, 조숙경, 김신렬, 최옥순 등 모두 17명이 개성만세 운동에 참여하였다.

개성 호수돈여자고등보통학교와 호수돈여자보통학교에서 각각 졸업식이
있었다는 보도 기사(1923.3.31. 매일신보)

이들은 만세시위를 어떻게 펼칠 것인지 깊이 토의한 끝에 선언서 배부를
최옥문, 어윤희 지사가 맡기로 하였다. 한편, 만세시위에 가담하다가 만
일 배신자가 나오면 살아남은 자가 그 배신자를 죽인다는 굳은 결의를
다졌다.

호수돈여학교 출신으로 독립유공자로 서훈을 받은 사람은 심영식(1887 ~
1983, 1990. 애족장), 이신애(1891 ~ 1982, 1963. 독립장), 유관순 열사의 올
케인 조화벽(1895 ~ 1975, 1990. 애족장), 권애라(1897 ~ 1973, 1990. 애국장)
지사 등이다.

12. 조선여성의 애국사상을 일깨운 "권애라"

권애라(權愛羅 1897. 2. 2. ~ 1973. 9.26.) 지사는 경기도 개성군 송도면 만월리 327번지가 본적으로 1919년 3월 1일 충교(忠橋) 예배당 유치원 교사로 일하면서 어윤희 지사와 개성 독립만세운동을 주동하였다. 권애라 지사는 강조원 목사로부터 전달 받은 독립선언서 80여장을 들고 만세운동에 앞장서다 일경에 잡혀 1919년 5월 30일 경성지방법원에서 이른바 보안법 위반으로 징역 6월형을 선고받고 공소하였으나 공소기각으로 그해 7월 4일 경성복심법원에서 징역 6월형이 확정되어 옥고를 치렀다.

출옥 후에도 수표교(水標橋) 예배당 '반도의 희망', '잘 살읍시다' 등의 제목으로 한국여성의 애국사상을 드높이는 강연을 여러 차례 했다. 이 일로 또 잡혀가 7월 9일 종로경찰서에 구금된바 있으며 1922년 1월에는 소련의 모스크바에서 열린 극동인민대표회의(極東人民代表會議)에 한민족 여성 대표로 참가하여 당시 민족대표 여운형(呂運亨)·나용균(羅容均) 등과 함께 독립쟁취를 위해 몸을 바쳤다.

권애라 지사

1929년에는 중국 소주(蘇州) 경해여숙대학(景海女塾大學)에서 공부하면서 상해를 중심으로 여성지위 향상과 조국광복운동에 활약하였고 이후 동삼성에서 지하항일운동을 계속하였다. 1942년 4월에는 길림성 시가둔(吉林省 施家屯) 영신농장(永新農場)에서 아들 김봉년(金峰年)과 함께 일제 관동군 특무대에 잡혀가 1년 이상 비밀감옥에서 고문취조를 받은 뒤 장춘고등법원에서 치안유지법 위반으로 징역 12년형을 선고받아 옥고를 치르던 중 1945년 8·15광복으로 장춘형무소에서 석방되었다.

"권애라 지사의 조카인 권경애가 생전에 말하길 '애라고모' 한테서 들은 이야기라면서 3·1운동 뒤에 권애라는 개성에서 오래 숨어 있지 않고 북으로 망명길에 올랐다는 것이다. 목적지는 만주이고 몇 명의 동지가 함께 떠났다고 한다. 권애라는 주로 밤에 산길을 걸어 이동하였으며 변장술을 구사했는데 여자로서 고초가 말이 아니었다. 권애라는 조카에게 당시에 부르던 노래를 들려주곤 했는데 첫 소절 '저녁 연기 떠나가는 이 밤 어디서 새우리'를 외우고 있다고 했다. 언어소통도 안되고 지리도 어둡던 권애라는 달포도 안 되어 망명지에서 잡혀 서대문형무소로 이감되어 유관순과 함께 여감방에 갇혔다"

– 《권애라와 김시현》가운데서 –

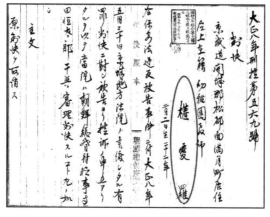

권애라 지사 판결문 일부(경성복심법원, 1919.7.4.)

권애라 지사에게는 권난봉가라는 별명이 붙었는데 그 사연은 이렇다. 그는 연설을 잘하기로 소문이 났는데 당시 서대문형무소에서 출옥하자마자 YMCA에서 강연 요청이 와서 연단에 올랐는데 일본 순사 미와(三輪)가 연설을 중지시키자 화가 나서 그럼 노래는 불러도 되느냐고 물은 뒤 '박연폭포'와 '난봉가'를 불렀다는 것이다. 이때부터 권 지사에게는 권난봉가라는 별명이 붙었다. 사연을 모르는 사람들은 마치 권 지사가 난봉이라도 부린 양 들릴 지도 모르겠으나 청중에 대한 연설조차 금지한 것이 일제였다는 것을 권 지사의 이야기를 통해 알 수 있다.

권애라 지사의 남편 김시현(金始顯, 1883 ~ 1966) 지사도 독립운동가다. 그는 경북 안동 출신으로 호가 학우(鶴右)인데 호에 대해 웃지 못 할 일화가 있다. 김시현 지사가 독립운동을 하다 일경에 잡혀 고문을 받았는데 이때 동료에 대한 비밀을 고하라는 압박을 참느라 혀를 깨물었는데 검사가 "도대체 무엇을 구하려는가(何求)?"라고 빈정대어 아예 호를 '하구(何求)'로 바꾸었다고 한다.

김시현 지사는 29살 때 일본으로 건너가 메이지대학 전문부를 거쳐 법학과를 만학으로 다니다가 1917년 귀국하여 1919년 만세시위 때 경북 상주에서 상주헌병대에 체포되었다. 이후 상해로 망명하여 의열단에 가담하여 본격적인 광복 활동을 펼쳤다. 당시 의열단장 김원봉으로부터 큰 신임을 받았는데 1920년 9월 무렵 의열단이 조선총독부에 폭탄을 투척할 목적으로 국내에 폭탄반입을 시도했는데 이에 가담하다 대구에서 체포되어 대구형무소에서 1년간 옥고를 치렀다. 그 뒤 출옥하자마자 다시 상해로 망명하여 안병찬의 소개로 고려공산당에 입당하고, 모스크바에서 열린 극동인민대표회의에 참가하였다. 거기서 평생의 동지요 연인이 된 신여성 권애라를 만나 상해로 돌아온 뒤 결혼했다.

1922년 일본 육군대장 다나카 저격사건에 가담하였고 1923년 3월 조선총독을 비롯한 고관 암살과 주요 관공서 파괴를 목적으로 당시 경찰간부이면서 의열단원이었던 황옥(黃鈺)과 공모하여 무기와 화약을 들여오려한 이른바 '황옥 사건'으로 체포된 이래 일제 강점기 시절 19년 동안 감옥을 드나들며 옥살이를 했다.

광복 뒤, 1952년 백범 암살 배후로 이승만을 지목하여 저격을 시도했는데 "이것은 분명 이승만의 짓이다. 함께 고생하며 독립운동을 한 처지에 정적이라고 죽이다니 그냥 놔두지 않겠다. 민족을 버리고 간 놈이 무슨 대통령이냐, 역적이지. 죽여 버리겠다. 한 번도 진실로 애국자가 되어 본일 없는 그이니 이번에 자기 목숨을 내놓음으로써 비로소 한번 애국자노릇 하라고 하지."라고 하며 1952년 6월 25일 유시태((柳時泰, 당시 62살)를 통해 부산에서 이승만을 저격할 계획을 세웠다.

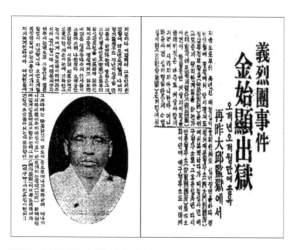

권애라 지사 남편인 김시현 지사 의열단 관련 기사(동아일보 1929.1.31.)

그러나 이승만 저격 계획이 실패하여 체포되어 사형을 선고받았다. 이후 무기징역으로 감형된 후 1960년 4·19혁명으로 석방되었다. 이 일로 김시현 지사는 아직 독립유공자 인정을 받지 못하고 있다.

13. 제암리 비극을 온몸으로 껴안은 "김씨"

제암리교회 학살사건이란 1919년 4월 15일 경기도 화성시에 있는 제암리교회에서 일본 군인들에 의해 선량한 주민 29명이 무참히 학살당한 사건을 말한다. 이날 현장에서 순국한 주민 중에 김씨 성을 가진 두 명의 부인이 있는데 한분은 홍원식(洪元植, 1877.10.13. ~ 1919.4.15.)지사 부인 김씨(1877 ~ 1919.4.15.)고, 다른 한 분은 강태성(姜太成, 모름 ~ 1919.4.15.)지사 부인 김씨(1899 ~ 1919.4.15.)다.

한 마을에서 오순도순 살던 두 김씨 부인은 일제의 잔학한 조선인 학살을 피하지 못하고 1919년 4월 15일, 한날한시에 죽임을 당했으니 참으로 억울하고 분한 일이 아닐 수 없다. 부인뿐이 아니라 두 부인의 남편인 홍원식(1968년 독립장 추서), 강태성(1991년 애국장 추서)지사도 함께 순국의 길을 걸었다.

"일본 중위가 4월 15일 오후에 제암리 마을에 들어와 유시와 훈계를 한다고 기독교도들을 모두 교회에 집합시켰다. 교인 32명이 교회당에 모였으며 무슨 일이 벌어질 것인가 가슴을 두근거리고 있었다. 이때 그 중위의 명령이 내려지자 병사들이 예배당을 포위하고 창문과 출입문을 닫고는 일제히 총을 쏘기 시작했다. 예배당에 있던 한 부인은 갓난아이를 창밖으로 밀어내고 병사들에게 '나는 죽여도 좋지만 이 아이만은 살려 주십시오'하고 애원했으나 병사들은 내민 어린아이의 머리를 총검으로 찔러 죽였다.

교회 안에서 모두 죽거나 다쳐 쓰러지자 병사들은 교회에 불을 질렀다. 부상을 당한 채 교회 안에 있던 홍 아무개가 창을 뛰어 도망치려다 바로 그 자리에서 무참하게 살해당했다. 강 아무개의 아내는 불길이 오르는 것을 보고 이불로 몸을 싸고 담 아래 숨어 있었는데 병사들이 총검으로 난자해 죽이고 이불에 불을 질렀다."

– 전동례 지음, 《두렁바위에 흐르는 눈물》 가운데서 –

위 기록은 전동례 할머니의 구술기록인 《두렁바위에 흐르는 눈물》에 나오는 글이다. 21살에 남편 안진순(安珍淳, 1896.1.4. ~ 1919.4.15.)을 제암리 교회 학살사건으로 잃고 말 못할 세월을 살아내면서 구술로 지은 책 《두렁바위에 흐르는 눈물》에 나오는 "강 아무개 아내"는 필시 김씨부인이 아닐까 해서 나는 여러 번 이 책을 읽고 또 읽었다. 왜냐하면 제암리교회 희생자 가운데 강씨 성을 가진 사람은 강태성 지사 한 분이기 때문이다.

이름도 없는 강태성 지사의 부인인 김씨부인은 경기도 화성 사람으로 1919년 4월 5일 향남면 발안(鄕南面 發安) 장날에 일어난 독립만세 운동에 참여하였다. 김씨부인은 이날 남편 강태성과 함께 1천여 명의 시위군중이 모인 발안 장터에서 태극기를 앞세우고 장터를 행진하였다.

그러나 출동한 일본 경찰의 무차별 발포로 시위대 가운데 3명이 부상을 당했다. 이에 분노한 시위군중은 돌을 던지며 대항하는 과정에서 일본인 순사부장이 돌에 맞아 죽고, 일본인 거주자들이 부상을 입었다. 이 일로 수원에서 대규모의 일본 경찰과 헌병이 파견되어 보복을 위해 검거작업을 벌였고, 그 뒤에도 제암리 일대는 일제의 삼엄한 감시를 받았다.

제암리 학살 현장에서 가족을 잃고 시름에 빠진 여성들

그러던 차에 4월 15일 오후 2시 쯤 아리타 토시오(有田俊夫)라는 일본군 중위가 인솔한 20여 명의 군경이 제암리에 도착하여, 민간인들에게 알릴 일이 있다고 속여 기독교인과 천도교인 32명을 제암리 기독교 교회당에 모이게 했다. 일본중위는 출입문과 창문을 잠그게 하고 집중사격을 명령하여 그 자리에서 23명이 살해당하는 끔찍한 학살이 일어났고 교회 밖에서 6명이 살해당했다.

일본군은 학살만행 현장을 은폐하기 위하여 교회에 불을 지르는 일까지 서슴지 않았다. 이 같은 일제의 만행에 외국인 선교사들이 분노하여, 4월 17일 캐나다 선교사 스코필드(F. W. Schofield)는 현장으로 달려가 사진을 찍어, 「수원에서의 잔학행위에 관한 보고서」를 작성하여 본국에 보냈으며 일부 양심 있는 일본인들조차 분격케 하여 「저팬 애드버타이저(Japan Advertiser)」와 「저팬 크로니클(Japan Chronicle)」 등에서는 학살사진과 목격자의 증언까지 곁들여 상세히 보도하였다.

통한의 제암리교회 학살 현장에서 순국한 분들의 합동 무덤

제암리 학살사건에 대해 1919년 5월 28일치 〈저팬 애드버타이저〉에 앨버트 피터 기자는 다음과 같이 썼다.

"일본군이 제암리교회에 총부리를 겨눈 것은 유의해야 할 일이다. 조선 사람들이 전혀 무장하지 않은 상태였으므로 이는 전투행위가 아니다. 이것은 거칠고 흥분한 몇몇 군인들이 저지른 일이 아니라 일본군 정규 장교의 명령에 따라 조직적인 군 파견대가 저지른 일이었다. 그때 진압할 저항이나 폭동도 없었다. 조선에 사법기관이 엄연히 존재하고 법정이 정기적으로 열리는데도 그것을 법률위반 행위로 고발할 조사가 이뤄지지 않았다. 그것은 한마디로 정당한 이유도 없는 계획적인 냉혹한 살육이었다. 이것을 반박할만한 그 어떤 종류의 진정이나 변명도 나오지 않았기 때문이다.

그 사건의 처리는 어떻게 되었으며 앞으로 어떻게 될까? 〈저팬 애드버타이저〉의 기사를 통해서 제암리 사건이 공개된 지 이미 한 달이 지났으며 세계는 그 문제에 대한 답을 초조하게 기다리고 있다. 총독은 선교사들에게 책임자가 처벌 되었다고 했다. 나는 이것이 충분한 대답이 되지 못한다고 정중하게 말했다. 누구에게 책임이 있으며 또 그런 범죄에 알맞다고 생각되는 처벌이란 어떤 것일까?

조선인 학살에 참여한 파견대를 지휘한 장교가 군법 회의에서 총살형을 당했는지, 불명예 제대를 했는지, 한두 달 동안의 감봉 처분을 받았는지 다만 앞으로 잘하라는 말만 들었는지 아니면 좀 더 높은 자리로 승진하는 '벌'을 받은 것인지 도대체 어떤 처벌을 받았는지를 나는 물었다. 이 물음은 심각한 것이다.(중간 줄임)

하세가와 총독은 이상하게도 아무런 책임감도 느끼지 않는 것 같다. 제암리 사건은 천황을 불명예스럽게 한 것이기에 예전 같으면 할복자살로 용서를 빌었을 일이다. 따라서 이번 사건에 대한 총독의 답을 기다리는 대표단에게 그는 스스로 총독자리를 물러나겠다는 의사를 도쿄에 전했어야 했다.

이것만이 그가 할 남자다운 행동이다. 그런데 자신의 책임은 묵살하고 알맹이도 없이 제암리에서 '조선인 학살 책임자를 처벌했다'고 발표하는 것은 어리석고 비열한 짓이다.

그러나 책임은 하세가와 총독보다 높은 곳에 있을 지도 모른다. 일본국민 모두의 도덕적인 책임감은 어떤가? 지난 한 달 동안 나는 이 만행에 대해 일본정부에 공개 항의를 하는 도덕적인 용기와 양심을 가진 일본인이 반드시 있을 것이라 확신하며 그런 움직임을 기대해왔다. 그러나 그것은 헛된 기다림이었다.

조선에는 다른 외국인보다도 몇 곱이나 많은 일본인이 살고 있으며 그들 중에는 고등교육을 받은 사람도 있고 탁월한 자리에 있는 사람도 있다. 그런데도 제암리 사건에 대해 총독을 찾아가 규탄하는 사람은 일본인 가운데는 없고 외국인들이 이 일을 맡았다. 왜 이런 일을 하는 일본인의 모임은 없을까?

도쿄는 일본제국주의 신경의 중추이고 모든 종류의 집회와 데모를 하는 본고장이다. 나는 그곳에서 일본국민이 어떤 항의의 움직임이라도 보일까하여 기다렸으나 아무 일도 일어나지 않았다. 항의 데모도, 언론의 들끓는 규탄도 없었고, 어떤 정당도 제암리 사건을 문제 삼으려 하지 않았으며, 더 나아가 조선인의 복지나 정당한 통치의 유지나 제국의 명예를 걱정하는 모습도 없었다. 그 옛날 '총독 암살 음모' 사건을 두고 내 친구가 '일본인의 문제점은 다른 민족에게 저지른 잘못을 도덕적으로 반성할 능력이 모자라는 점'이라 한 말이 또렷이 떠올랐다. 분명히 그런 것 같다.

제암리교회에 세운 3·1운동 기념탑

양민학살 후 불을 질러 폐허가 된 제암리교회(제암리 3 · 1운동순국기념관 제공)

'도덕적으로 반성할 능력'이 모자라므로 제국의 군복을 입은 군인이 무장하지 않은 조선인을 쏘고, 칼로 베고, 불태운 사실에 침묵하는 게 아닌가! 세계가 일본인을 평가하는데 이런 일들이 반드시 영향을 미친다는 것을 그들은 알지 못할까? 일본군대가 저지른 만행을 곧바로 규탄하고 그들을 적절히 처벌하였다면 이번 사태는 좀 더 쉽게 용서 받을 수 있을지 모른다. 그러나 항의의 움직임조차 전혀 없는 그런 냉담한 상태에서는 용서받기가 힘든 것이다.(뒤 줄임)"

〈저팬 애드버타이저〉에 기고한 앨버트 피터 기자의 말처럼 일제는 '용서받기 힘든 일'을 제암리에서 저질렀다. 일경에 의해 억울한 죽임을 당한 김씨 성을 가진 부인 두 분은 정부로부터 1992년 애족장을 각각 추서받았다.

14. 통진장날 만세운동을 이끈 성서학교 만학도 "이살눔"

"님은 1919년 통진교회 전도사로 월곶지역 3·1만세 사건을 주도하여 옥고를 치루셨습니다. 민족해방을 몸으로 실천한 님의 민족혼을 기리기 위해 이 비를 만듭니다. 2003년 8·15 광복절 푸른언덕모임"

이는 김포시 월곶면 고막리 푸른언덕교회 입구에 있는 이살눔(이경덕이라는 이름도 있지만 국가보훈처에서 포상받을 때 이름은 이살눔이다) 지사를 추모하는 기념비에 적힌 글이다. 이살눔 지사의 활동지역을 보기 위해 필자는 2017년 6월 13일(화) 오후 2시, 고막리 푸른언덕교회를 찾아갔다.

작은 규모의 시골 교회당은 신자는 많지 않아 보였는데 마당에 차를 세우고 나니 조화자 전도사(59살)가 찾아온 용건을 묻는다. 이살눔 지사에 대한 이야기를 들으러 왔다고 하니까 반가운 얼굴로 차 한 잔을 내오며 거의 찾지 않는 추모비를 어떻게 알고 찾아 왔느냐며 반긴다.

"이 교회는 이살눔 지사님의 며느리인 강동재 여사께서 다니시던 교회입니다만 5년 전 80살로 돌아가셔서 지금은 그 집안에 대해 아는 바가 없습니다. 이살눔 지사님은 이곳 월곶의 3·1만세운동의 주동자이셨습니다. 그러한 활동에 대해 아무도 관심을 갖지 않게 되자 누산교회 박흥규 목사님이 이를 안타깝게 여기고 여자의 몸으로 독

립운동에 앞장선 사실 만이라도 기념비를 세워 기려야한다고 해서
세운게 이 기념비입니다."

이살눔 지사

월곳면 고막리 푸른언덕교회(위) 입구에 있는 작은 기념비(아래)

조화자 전도사는 이살눔 지사에 대해 박흥규 목사님으로부터 많은 이야기를 들었다고 했다. 그러나 박흥규 목사님도 돌아가셨다면서 김포지역의 독립운동사를 정리한 두툼한 책 한 권을 내놓는다. 《김포항일독립운동사》(김포문화원, 2005) 책에는 이살눔 지사를 포함한 김포 월곶 지역에서 독립운동을 한 지사들의 기록이 낱낱이 적혀있다.

1919년은 이살눔 지사가 33살이 되던 해였다. 결코 여자 나이로 적은 나이가 아닌 이 무렵 이살눔 지사는 성서학교(聖書學校) 재학생이었다. 신앙심이 깊었던 이살눔 지사는 거국적인 만세운동이 일어났던 3월, 김포에도 만세운동의 물결이 밀어닥칠 것을 예견했다. 3월 22일 오후 2시 이날은 통진 장날이었다. 이살눔 지사는 군하리 출신 박용희·성태영·백일환 등과 군중을 이끌고 면사무소, 주재소, 보통학교, 향교 등으로 유도했다.

이에 앞서 임용우·윤영규·조남윤·최우석·이병린 등의 주도로 장터에 있던 약 200여 명의 군중은 만세시위 운동을 벌였다. 그러나 만세운동만으로는 성에 차지 않았던 이살눔 지사 일행은 면사무소와 주재소 등지를 돌며 이곳에 있던 일본인들에게 항의했고 일부 한국인 순사보들에게 독립운동에 동참할 것을 호소하였다.

검사가 작성한 1919년 7월 12일 경성지방법원 판결문에 따르면 "3월 22일 많은 사람들이 만세를 부르므로 그 속에 들어가 만세를 부르고 일단 집으로 돌아오니 나의 집에 종이로 만든 한국 국기가 있어서 이를 들고 다시 밖으로 나가 만세를 불렀다. 나는 국기를 떠받들고서 면사무소에 갔는데 아니나 다를까 떠들썩하고 있어서 나도 시위에 합류했다." 는 이살눔 지사의 기록이 있다.

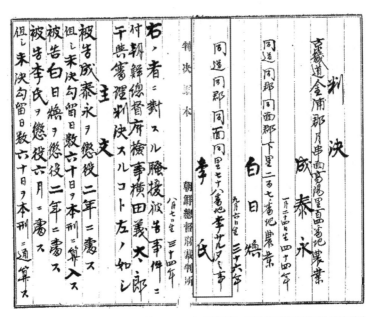

이씨(이살눔 지사) 판결문(경성지방법원. 1919.7.12.), 판결문에는 그저 이씨(李氏)라고만 되어 있다.

김포의 만세운동은 3월 29일에 또 다시 일어났다. 조남윤은 당인표 등과 함께 "29일 오전 11시에 전 통진 읍내에 집합하여 조선독립만세를 외치라"는 취지의 문서 7통을 작성한 다음 이를 면내 각 동리 주민에게 배포하였다. 이날 오전 11시쯤 마을주민 400여 명이 읍내에 모이자, 이들을 지휘하여 향교와 면사무소 앞에서 조선독립만세를 외쳤다.

이에 앞서 28일 밤 정인교·윤종근·민창식은 마을 주민 수십 명과 함께 마을 인근 함반산(含飯山) 꼭대기에 모여 조선독립만세를 외쳤으며, 월곶면의 임용우·최복석은 29일 정오 무렵 갈산리에 모였다가 군하리 공자묘와 공립보통학교, 면사무소에서 만세운동을 벌였다.

만세운동은 4월에도 이어져 덕적도의 명덕학교 교사였던 임용우는 4월 9일 학교 운동회에서 이재관·차경창 등과 만세운동을 벌이다가 체포되는 등 김포지역의 만세운동은 3월의 전국적인 만세운동 이후에도 계속되었다. 김포지역의 만세운동에서 포상을 받은 유일한 여성독립운동가가 이살눔 지사다.

이살눔 지사는 장터에 모인 수백 명의 시위 군중에게 태극기를 나눠주며 독립만세 운동에 앞장서다 일경에 잡혀 그해 7월 12일 경성지방법원에서 이른바 보안법 위반으로 징역 6월형을 선고받고 옥고를 치르던 중 1919년 10월 27일 중병으로 가석방되었다.

가출옥증표, 고문으로 중병에 걸리자 일제는 이살눔 지사를 가출옥 시켰다. 역시 '이씨'라고만 되어 있다. (1919.10.27.)

당시에는 옥중 고문이 심했기 때문에 죽음의 문턱에 이르는 독립운동가들이 많았는데 일제는 이러한 독립운동가들의 '옥중 사망'을 피하려고 가석방을 했다. 수원의 이선경 지사(1902~1921)도 거의 죽음에 이르는 고문으로 가석방 되자마자 순국의 길을 걸었다.

다행히 이살눔 지사는 서대문형무소에서 가출옥 된 이후 몸을 추슬러 고향 김포로 다시 내려올 수 있었다. 군하리로 내려온 이살눔 지사는 교회를 개척하여 여전도사로 목회자의 삶을 살았다. 친혈육은 없고 양자를 들였는데 양아들 유 씨와 며느리마저 몇 해 전 숨을 거두었다고 한다.

이살눔 지사는 1948년 8월 13일에 62살을 일기로 숨을 거두었다. 그러나 어수선한 해방 공간에서 무덤을 미처 챙기지 못해 기념비만 남은 상태다. 정부에서는 뒤늦게 고인의 공훈을 기려 숨진 지 44년 만인 1992년에 대통령표창을 추서하였다.

김포시에서는 이살눔 지사를 비롯한 수많은 김포지역의 독립운동가를 기리기 위해 2013년 3월 1일 '김포시 독립기념관'을 개관하여 항일의병, 3·1운동, 독립운동, 의열투쟁, 만주, 노령지역에서 활동한 김포 출신 독립운동가들의 나라사랑 정신을 기리고 있다.

※ 이살눔 지사 1992년 대통령표창 추서

15. 마니산 정기로 피워낸 광복의 꽃
"조인애"

조인애(曺仁愛, 1883. 11. 6. ~ 1961. 8. 1.) 지사는 경기도 강화군 길상면 온수리 501번지가 고향으로 강화를 대표하는 독립운동가 유봉진(劉鳳鎭,1886. 3. 30. ~ 1956. 9. 2.)지사의 부인이다. 실 가는데 바늘 간다고 조인애 지사의 삶은 남편 유봉진 지사의 삶과 떼어 놓고 설명할 수 없다. 조인애 지사 나이 36살 때, 강화에도 서울의 3·1만세운동 소식이 전해졌다. 그 뒤 강화에서는 3월 18일 강화 장날을 기해 만세운동이 일어났다.

물론 주동자는 남편 유봉진 지사이고 부인 조인애, 최창인, 이봉석 등이 그림자처럼 함께 했다. 강화지역의 3·1 만세시위 상황을 죽암 조봉암 (1898. 9. 25. ~ 1959. 7. 31.) 선생은 다음과 같이 말했다.

"우리 강화에서의 만세운동은 유봉진 씨의 영도 아래 치밀한 계획으로 방방곡곡 어느 작은 부락 하나도 빼지 않고 일어났었고 그것이 한 달 동안이나 계속됐다. 그런데 유 선생의 지도방침은 철저한 평화적 시위였기 때문에 수천 명이 태형(볼기맞는 형벌)을 당했을 뿐, 감옥살이를 한 사람은 비교적 많지 않았었다. 유 선생은 마니산 꼭대기에 숨어서 만세운동을 지휘했고, 왜놈에게 체포 되었을 때 '독립운동자 유봉진'이라고 종이에 크게 써서 가슴에 붙여주지 아니하면 말 한마디 대꾸도 안했다. 유 선생은 5년 징역살이를 했고 우리

애기패들은 1년 살았다."

- 조봉암 「내가 걸어온 길」《희망》 1957 -

모든 독립운동은 철저한 사전 계획 아래서 이뤄지게 마련이지만 강화지역 역시 조인애 지사의 남편 유봉진 지사를 중심으로 치밀하게 이뤄졌다. 이들은 강화경찰서를 에워싼 시위대를 인솔하여 경찰서에 이미 잡혀온 사람들의 석방을 요구했다. 아울러 만세 도중에 시위대를 향해 칼을 휘두른 친일파 순사보 김덕찬을 인도할 것을 주장했다.

만약 이 요구가 관철되지 않으면 경찰서 경내로 들어가겠다고 선언하는 이들의 기세에 한풀 꺾인 경찰은 시위대의 요구대로 이미 잡혀갔던 이들을 풀어 주었다.

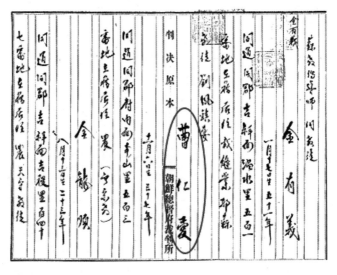

조인애 지사 판결문(경성지방법원, 1919. 12. 18.)

따라서 시위대는 일단 밤 8시30분 쯤 경찰서 포위를 풀고 해산했다. 시위 첫날은 늦은 밤까지 만세를 외치는 소리가 읍내 곳곳에서 들렸지만 더 이상의 충돌은 일어나지 않았다. 그러나 문제는 여기서 끝나지 않았다. 강화도에서 만세 시위가 일어났다는 소식을 듣고 급파된 일본군 약 50여 명은 다음 날 아침이 되자마자 마을을 수색하고 다니면서 시위 주동자들을 잡아들이기 시작하였다. 이날 하루 동안 잡힌 사람이 63명이었다. 그러나 유봉진, 염성오, 황도문, 유희철 등 소수의 지도자들은 일본 군경의 눈을 피해 몸을 숨기고 있었다. 몸을 숨긴 지도자들은 이어지는 만세운동을 계속해서 진두지휘하였다.

일경의 탄압에도 만세소리는 줄어들지 않고 더 큰 외침으로 퍼져나갔다. 21일부터는 바다 건너 교동도 주민들이 주재소와 면사무소로 몰려가서 만세를 불렀고, 27일엔 다시 강화읍에 2,000여 명의 군중이 모여서 만세를 불렀다. 4월 들어서는 양도면, 송해면, 양사면 주민들이 태극기를 들고 독립만세를 불렀고, 7일엔 석모도(삼산면) 주민들까지 합세하여 만세운동에 참여하였다.

강화도 만세운동은 한 달을 넘기면서 수그러들기 시작했다. 그 까닭은 유봉진 지사를 비롯한 시위 지도부가 잡혀갔기 때문이다. 사실 만세 시위를 주도했던 결사대장 유봉진 지사는 마니산으로 피해있었지만 경찰이 그의 부모를 잡아다 모진 고문을 하자 자진 출두해서 체포되었다. 조인애 지사는 남편 유봉진 지사를 도와 태극기를 운반하는 한편 3월 18일 읍내 시위 당시 부녀자들을 인솔하고 시위에 앞장서다가 붙잡혀 이른바 보안법 위반으로 6월형을 선고 받았다.

조인애 지사의 남편 유봉진 지사는 원래 금은세공업자였다. 이에 앞서 유봉진 지사는 대한제국 강화진위대 소속 군인이었다. 그의 아버지(유흥준) 또한 강화진위대의 장교를 지냈다. 1900년대 초 유봉진이 근무하던 시기 강화진위대는 1000여 병력을 보유한 대부대였다. 강화도가 수도 한양으로 통하는 유일한 해로를 지키는 길목으로 전략적 요충지였기 때문이다. 당시 군 지휘자는 훗날 대한민국임시정부 국무총리를 지낸 이동휘(1873~1935) 참령(參領·대대장)이었다. 이동휘의 지휘 아래 강화진위대는 근대식 군사훈련과 양총(洋銃) 등 신식 무기로 무장한 정예부대로 성장하고 있었다.

강화도 만세시위 주도자 유봉진 지사는 조인애 지사의 남편이다.(서대문형무소 일제 감시대상인물카드)

그러나 일제는 1905년 을사늑약을 체결한 뒤, 대한제국을 식민지화하는데 가장 걸림돌이 되는 군대부터 감축시켰다. 힘없는 나라의 무장(武將) 이동휘와 휘하 부대원들은 군복을 벗은 후 인재를 양성하는 교육만이 나라를 살릴 길이라고 판단했다. '일동일교(一洞一校·마을마다 학교를 하나씩 세움)'의 구국(救國)교육 운동을 펼치는 이동휘와 의형제를 맺은 유봉진도 적극 동참했다. 일동일교 운동을 전개한 지 불과 2년 만인 1907년 강화도엔 무려 72개의 사립학교가 설립됐다. 그런데 1907년 바로 그해, '정미(丁未) 의병'이 결성되었다. 일제가 고종황제를 강제 퇴위시키고 대한제국

군대를 해산하는 조치를 취하자 8월 9일 '나라님의 명(命)'이란 말 한마디
로 총을 뺏기고 군복을 벗는 치욕을 당한 진위대 군인들이 의병으로 분연
히 일어난 것이다. 유봉진 지사는 1945년 대한민국 임시정부 주석 앞으
로 보낸 자기소개 이력서에 강화 의병 봉기 내용을 소상히 밝히고 있다.

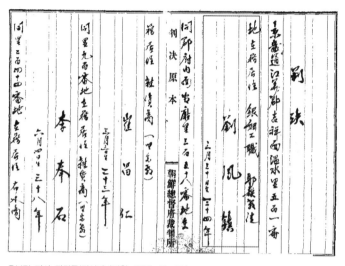

유봉진 지사 판결문(경성지방법원. 1919. 12. 18.)

"정미(1907년) 대한군대 해산 시에 군기탄약고를 파괴하고, 탄환을
수출(搜出)하여 분배하고, 갑곶에 출전하여 강화군대를 해산시키려는
일본 병정들이 육지에 도착했을 때 격파하고…."

정식 군사 훈련으로 무장한 의병부대에서 유봉진 지사는 온 힘을 다했다.
그러나 일본군이 인천과 용산의 병력을 동원하는 바람에 후퇴해야 했다.
강화지역의 3·1만세운동 소식은 유봉진, 조인애 부부를 선봉장에 서게
만들었다. 유봉진 지사는 부인 조인애 지사에게 3·1만세운동에 목숨을
내놓겠다고 말하고 강화지역의 만세운동을 진두지휘 했다. 그는 강화도
길상면의 감리교도들을 중심으로 '길상결사대'를 조직했다. 유봉진 지사

가 결사대장을 맡고, 황도문, 황유부, 염성오, 장윤백, 조종렬, 조종환 등이 동참했다. 유봉진 지사는 강화 본섬은 물론이고 부속 섬들까지 일일이 찾아다니며 시위 참여를 독려했다. 그는 속옷 상의에다 '유봉진 독립결사대'라고 쓴 글씨를 펼쳐 보이며 동지들을 모았다.

유봉진 지사와 시위 군중은 한국인 순사들에게도 만세 시위에 참여할 것을 독촉했다. 세가 불리함을 깨달은 일경은 철수해버렸고 시위대는 군청으로 몰려갔다. 강화군수 이봉종에게도 조선 독립만세를 부를 것을 요구했다.

> "만약 응하지 않으면 군청으로 들어가 청을 파괴하겠다."

결사대의 겁박에 질린 군수는 마지못해 만세를 불렀다. 다음 목표는 경찰서였다. 시위대는 경찰서를 완전히 포위한 다음 돌다리에서 잡혀간 결사대원들을 석방할 것과 시위 군중에게 칼을 빼어든 순사보 김덕찬을 내놓으라고 위협했다. 경찰은 시위대의 위세에 굴복해 체포한 결사대원들을 풀어주었다. 유봉진 지사는 다시 시장에 모인 군중을 대상으로 연설했다.

> "파리강화회의에서는 조선인이 독립을 희망하는지 아닌지를 보고 있으므로 우리들은 독립만세를 불러야 한다. 내일 정오에는 온수리에 모여서 만세를 부르며 점차 각 면을 돌면서 만세를 불러야 한다."('예심종결결정서')

당시 일제 보고서와 시위 통계자료에는 군청 앞에 모인 군중은 5000~6000명, 시장에 모인 전체 군중은 2만 명이라고 기록하고 있다. 강화도에서 벌어진 3월 18일 시위는 대규모 시위였음에도 단 한 명의 희생자도 발생하지 않았다. 유봉진 지사가 군중의 폭력적 행동만큼은 적극적으로 제지했기 때문이다.

정미의병에 가담하고 다시 3·1만세운동 때까지 활약한 사람은 많지 않다. 남달리 책임감이 컸던 남편 유봉진, 부인 조인애 부부독립운동가의 활약으로 강화지역의 만세운동은 타지역을 선도하는 입장으로 진행되었음을 역사는 쓰고 있다. 남편 유봉진 지사는 1920년 3월 경성복심법원에서 1년 6개월의 징역형을 선고받고 서대문형무소에서 옥고를 치렀다.

※ 조인애 지사 1992년 대통령표창, 유봉진 지사 1990년 애족장 추서

16. 남대문역 앞 만세시위에 당당히 맞선 "유점선"

유점선(劉点善, 1901.11.5. ~ 모름) 지사는 경기도 강화군 화개읍 읍내리 331번지가 고향으로 1919년 3월 5일 서울 남대문역(지금의 서울역) 앞에 서 있었던 만세시위에 참여하다가 체포되어 징역 6월, 집행유예 3년을 선고받았다. 만세 당시 유점선 지사는 열일곱 살로 이화학당 2학년에 재학 중이었다. 유점선 지사는 3월 5일 날 잡혀 들어가 5일 후인 3월 10일, 경성 종로경찰서에서 신문을 받게 된다. 당시 검사는 조선총독부 소속 타마나 도모히코(玉名友彦)이고 서기는 요시다 준(吉田畯)이었다. 어린 여학생이 불려가 어떤 내용으로 신문(訊問)이 이뤄졌는지 그 전문을 싣는다.("신문 시에 통역이 대동했으며 원문은 일본어로 되어 있고 손으로 기록했다"는 기록이 남아있다.)

문: 성명·연령·신분·직업·주소·본적지 및 출생지는 어떠한가?
답: 성명·연령은 유점선(劉點善), 17세.
　　신분·직업은 이화학당(梨花學堂) 2학년생.
　　주소는 경성부 정동 32번지 기숙사(京城府 貞洞 32번지 寄宿舍).
　　고향은 강화군 화개면 읍내리(江華郡 華蓋面 邑內里).
　　출생지는 강화군 화개면 읍내리(江華郡 華蓋面 邑內里).
문: 위기·훈장·종군기장·연금·은급 또는 공직을 가지고 있지 않은가?
답: 없다.

문: 이제까지 형벌에 처해졌던 일은 없는가?

답: 없다.

문: 예수교를 믿고 있는가?.

답: 미국 북감리파(北監理派)의 기독교를 믿고 있다. 미국인 게블이 선교사이다. 조선인 목사는 이엽(李葉)이다.

문: 금년 2월 중 그 교회에서 이태왕(李太王)의 서거에 관한 기도회는 없었는가.

답: 없었다.

문: 조선독립에 관한 이야기를 들은 일은 없는가?

답: 없다.

문: 학생으로부터 그 사실을 들은 일은 없는가?

답: 없다.

문: 3월이 되고 나서는 들은 일이 없는가?

답: 3월 1일이었던 것으로 생각된다. 학생과 많은 사람들이 이화학당(梨花學堂)으로 와서 만세를 부르고 있었던 사정을 들어보니 그 것은 조선이 독립한다고 하여 만세를 불렀다는 것이었다. 그것은 오후 3시 반경이었다.

문: 그날 이화학당(梨花學堂)에서는 오후에도 수업이 있었는가?

답: 기숙사에 있었는데, 교사(校舍)가 옆에 있고 그 옆에 운동장이 있었으므로 만세 소리는 잘 들렸다.

문: 그리하여 학생들과 합류되어 그대로 본정통(本町通) 등을 「만세 만세」하고 부르면서 걸어다니지 않았는가?

답: 그날 나는 외출을 하지 않았다.

문: 5일에 그대는 종로통(鍾路通)으로 나와서 만세를 부른 일이 없는가?

답: 그것은 불렀다.

문: 그날 수업은 있었는가?

답: 아침 식사 후에 나는 나갔었는지 나가지 않았는지 모르겠다. 그 때에는 나 혼자서 나갔었다.

문: 그리하여 「만세 만세」하고 부르고 있던 중에 경찰관에게 체포되었는가?

답: 그렇다.

문: 그대는 짚신을 신고 있있는데 도망칠 때 편리하게 할 생각으로 미리 준비하고 나갔던 것이 아닌가?

답: 그렇지 않다. 3월 1일인 국장일(國葬日)부터 짚신을 신고 있었으며, 깊은 의미가 있었던 것은 아니다. 그날은 국장일(國葬日)이어서 구두는 신지 않기로 되어 있었던 것이다.

문: 만세를 부르는 일에 관하여 학교에서 무엇인가 그와 같이 하라고 상급생들로부터 듣고 있었던 것이 아닌가?

답: 결코 그러한 일은 없었다.

문: 선언서나 독립신문을 본 일은 없는가?

답: 모두 본 일이 없다.

문: 그대의 학교 선생에도 체포된 자가 있는가?

답: 김독실(金篤實)이라는 여선생이 체포되었다.

문: 그녀로부터 미리 독립운동에 관한 것을 듣고 있지 않았는가?

답: 그런 일은 없었다.

본 신문은 조선총독부 재판소 통역생 하야시 큐지로(林久次郞)의 통역에 의해 이를 행하고 위를 녹취하여 동 통역생에게 읽어 들려주었던 바, 틀림없다는 뜻을 승인하고 다음에 서명·날인한다.

통역 조선총독부 재판소 통역생 하야시 큐지로(林久次郞)
작성일 대정 8년 3월 10일(1919)

서기 경성지방법원 검사국

조선총독부 재판소 서기 요시다 준(吉田畯)

신문자 조선총독부 검사 다마나 도모히코(玉名友彦)

(출장 중인 까닭으로 소속관서의 인(印)을 찍지 못함)

　－ 한민족독립운동사자료집 14권, 3.1독립시위 관련자 신문조서 참조 －

유점선 지사의 신문 조서 원본 마지막 장을 보면 대정 8년 3월 10일로 되어 있다. 대정 8년(大正八年)은 1919년이다. 1919년 3월 5일, 남대문역 앞에서 있었던 만세시위(정식 명칭은 경성독립만세운동)에 참여하다 잡혀가서 경성지방법원에서 예심(豫審)이 종결된 사람은 유점선 지사 외 248명이다. 이 가운데 는 이아주(2005년 대통령표창), 탁명숙(2013년 건국포장), 노예달(2014년 대통령표창) 지사 등 여성 이름도 많이 눈에 띈다.

유점선 지사와 3월 5일 남대문역 앞 만세 시위에 함께 했던 탁명숙 지사는 당시 세브란스병원 간호부양성소를 졸업하고 원산 구세병원 간호사(당시는 간호부)로 근무하던 중 서울에서 1919년 3월 1일 독립 만세운동이 일어나자 일부러 서울로 상경해 3월 5일의 만세운동에 참여했다.

1919년 3월 5일 아침 일찍부터 남대문역 광장에서는 수많은 시위 군중이 모여 만세를 불렀는데 이날 모인 학생과 군중들은 태극기를 흔들면서 남대문 쪽을 향하여 행진을 시작하였다. 이 시위 군중 속에는 평양 학생 약 200여 명과 탁명숙 지사 등 세브란스 병원 간호사 11명도 섞여 있었다. 이날 시위로 탁명숙 지사는 일경에 잡혀 징역 6월에 집행유예 3년을 선고받았다. 그러나 탁명숙 지사는 이것으로 그치지 않고 1919년 9월 2일 신임 총독 사이토(齋藤實)가 부임할 때 남대문 역에 폭탄을 던진 강우규 의사를 9월 13일 경성부 누하동(樓下洞) 136번지 임재화(林在和)의 집에 피

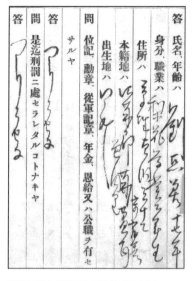

유점선 지사의 신문조서 원본은 모두 15쪽에 이르며 이것은 1쪽 부분

유점선 지사 신문조서 15쪽 중 2쪽 부분

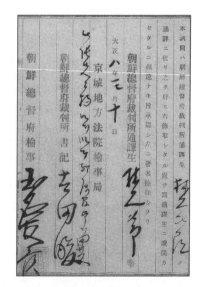

유점선 지사 신문조서 15쪽 중 3쪽 부분

유점선 지사 신문조서 15쪽 중 마지막 15쪽 부분

신시켰다. 이 일로 다시 붙잡힌 탁명숙 지사는 1919년 11월 6일 경성지방법원에서 보안법 위반으로 징역 6월 집행유예 3년을 다시 선고받았다.

한편, 유점선 지사가 만세운동을 펼쳤던 남대문역의 기념비적인 의거를 들라하면 조선총독 사이토에게 폭탄을 던진 강우규(1855~1920, 1962. 대한민국장) 의사를 꼽지 않을 수 없다.

> "내가 죽는다고 조금도 어쩌지 말라. 내 평생 나라를 위해 한 일이 아무것도 없음이 도리어 부끄럽다. 내가 자나 깨나 잊을 수 없는 것은 우리 청년들의 교육이다. 내가 죽어 청년들의 가슴에 조그만 충격이라도 줄 수 있다면 그것은 내가 소원하는 일이다. 언제든지 눈을 감으면 쾌활하고 용감히 살려는 전국 방방곡곡의 청년들이 눈앞에 선하다."

이는 1920년 11월 강우규 의사가 사형을 앞두고 대한의 청년들에게 남긴 유언이다. 강우규 의사는 65살의 나이에 폭탄의거로 순국의 길을 걸었다. 1919년 9월 2일 오후 5시 남대문역(서울역)에 도착한 사이토 총독을 향해 던진 폭탄은 3·1만세운동의 열기를 되살리는 거사였다.

의거 당일 강 의사는 폭탄을 명주수건에 싸서 허리춤에 차고, 두루마기 차림에 파나마모자, 가죽신, 양산, 수건 등을 갖추고 사이토 총독을 환영 나온 군중 틈에 섞여 있었다. 당시 나이가 64살이었던 강 의사는 의심을 받지 않고 군중 속에서 기회를 엿보고 있었다. 그리고는 새로 부임한 사이토 총독이 역에서 나와 막 차에 오르려는 순간 폭탄을 힘차게 던졌다. 6~7m 떨어진 거리였다. 그러나 폭탄은 사이토가 있는 자동차 까지는 미치지 못한 채 폭발해 버려 뜻을 이루지는 못했지만 사이토를 경비하던 일본인과 그 앞잡이 3명을 처단하고 34명을 부상하게 하는 등 사이토 일행을 혼비백산시켰다.

1920년 11월 29일 서대문형무소에서 순국의 길을 걸어야 했던 강 의사는 순국 직전 "단두대 위에도 봄바람은 있는데(斷頭臺上 猶在春風), 몸은 있어도 나라가 없으니 어찌 감상이 없으리오.(有身無國 豈無感想)"라는 유언을 남겼다.

1929년 3월 5일, 남대문역 앞에서 조선의 독립을 위해 목청껏 만세를 불렀던 사람들은 강우규 의사처럼 65살의 연령대부터 유점순 지사처럼 17살의 학생에 이르기까지 그야말로 남녀노소, 직업의 귀천을 가리지 않고 일제에 저항한 독립운동사에 빛날 외침이요, 절규였다.

※ 유점선 지사 2014년 대통령표창 추서

17. 기생 33인을 만세운동으로 이끈
"김향화"

김향화 지사는 경기도 수원군 수원읍 남수리 201번지가 고향으로 직업은 기생이었다. 하지만 전국에 3·1만세시위가 확산되자 기생 33인을 이끌고 직접 만세운동에 참여했다. 〈매일신보〉 1919년 3월 29일치에 보면 "수원은 3월 25일 이후 4월 4일에 이르는 동안 읍내를 비롯하여 송산, 병점, 오산, 발안, 의왕, 일형, 향남, 반월, 화수리 등 군내 각지에서 연이어 시위가 있었는데 대체로 수백 명이 모였으며 더욱 장날을 이용한 곳에서는 천여 명이 넘었다. 일경의 발포로 수십 명이 사상되고 수백 명이 체포되었는데 29일 읍내 만세 때는 기생일동이 참가하였고 기생 김향화가 구속되었다."라는 기사가 눈에 띈다.

행화(杏花), 순이(順伊)라는 이름으로도 불린 김향화(金香花, 1897. 7. 16 ~ 모름, 2009. 대통령표창) 지사는 1919년 3월 29일 경기도 수원군 자혜병원 앞에서 기생 30여 명과 함께 독립만세를 불렀다. 김향화는 수원 기생조합 출신으로 건강검진을 받으려고 자혜병원으로 가던 중 동료와 함께 준비한 태극기를 흔들며 독립만세를 주도하여 의기(義妓)로서 기상을 높였다. 서슬 퍼런 일제 강점기에 경찰서 앞에서 독립만세를 주도했다는 것은 어지간한 결심이 서지 않으면 실천에 옮기기 쉽지 않은 일이다.

김향화가 속한 기생조합은 1914년 이후 일제에 의해 일본식 명칭인 '권번(券番)'으로 바뀌게 되었는데 권번은 파티나 연회장에서 시중을 드는 사람들을 부르는 말에서 유래한다. 권번은 어린 기생들에게 노래와 춤을 가르치고 요릿집 출입을 지휘하는 역할을 하였는데 김향화는 특히 검무와 승무를 잘 추고 가야금을 잘 뜯던 으뜸 기생이었다.

김향화, 기생이지만 나라 잃은 서러움을 거침없이 토해냈다.

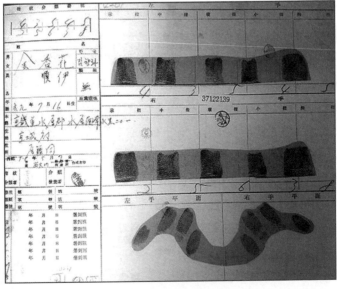

김향화 지사의 지문이 찍힌 신분장지문 원지(1919) <국가기록원 제공>

김향화를 비롯한 수원기생들은 고종황제가 돌아가셨을 때도 나라 잃은 설움을 토해내었다. 당시 고종황제의 승하 때 기생, 광대, 배우들은 모두 휴업을 하고 근신에 들어갔다. 그리고 덕수궁 대한문 앞에 백성이 모여 곡을 할 때 기생들도 함께 참여하였다. 1919년 1월 27일, 고종황제의 장례에 맞춰 수원기생 20여 명은 소복을 입고, 나무 비녀를 꽂고, 짚신을 신고 수원역에서 기차를 타고 서울로 올라가 대한문 앞에서 망곡(望哭, 국상을 당해 대궐 문 앞에서 백성이 모여 곡을 하는 것)을 하기도 하였다. 이렇듯 김향화를 중심으로 한 수원기생들의 애국 혼은 불타올랐다. 그러나 만세운동 이후 김향화의 행적은 전해지고 있지 않아 안타까움을 더한다. 이에 수원시에서는 김향화의 공훈을 기려 국가에 포상 신청을 한 결과 2009년에 대통령표창을 추서하였다.

고종황제 승하 소식을 듣고 수원에서 흰옷차림으로 올라와 덕수궁 앞에서 망곡례를 올리는 수원기생들 <수원박물관 제공>

수원 만세운동을 주도한
김향화와 33명의 기생

"온갖 계책으로 봄을 머무르게 하되 봄은 사람을 머무르게 하지 못하고 만금은 꽃을 애석해 하지만 꽃은 사람을 애석해 하지 않아, 나의 푸른 쪽진 머리, 주홍 소매를 쥐고서 한번 넘어지면 이십 광음이 끝나도다. 누가 가곡이 근심을 능히 풀 수 있다 말하는가. 가곡은 일생의 업원(전쟁에서 지은 죄로 이승에서 받는 괴로움)이로다. 본디 경성 성장으로, 화류 간의 꽃이 되어, 삼오 청춘 지냈구나, 가자가자 구경가자, 수원산천 구경 가자, 수원이라 하는 곳도, 풍류기관 설립하여, 개성조합 이름 쫓네, 일로부터 김행화도, 그 곳 꽃이 되었세라, 검무, 승무, 정재춤과, 가사, 시조, 경성잡가, 서관소리, 양금치기, 막힐 것이 바이없고, 갸름한 듯 그 얼굴에, 죽은깨가 운치 있고, 탁성인 듯 그 목청은, 애원성이 구슬프며, 맵시동동 중등 키요, 성질 순화 귀엽더라."

위는 1910년대 수원예기조합의 존재를 확실히 알려주는 『조선미인보감』에 나오는 김향화 이야기다. 이 책은 권번과 기생조합의 기생들을 홍보하고자 펴낸 자료로 '풍속 교화'라는 측면에서 일제가 기생들을 통제하고 있는 식민지배의 일면을 보여주고 있기도 하다. 당시 수원기생은 1918년 33여 명에서 1925년 18명, 1929년 14명에서 30여 명으로 늘어났다. 이후 화성권번(華城券番)으로 이름이 바뀐 뒤 1940년대에는 1920년대보다 배로 늘어난 50명에 이르렀다.

한편, 1920년대에 기생의 수가 준 것은 역시 3·1만세운동의 영향이라고 볼 수 있다. 3·1만세운동을 주도했던 많은 기생들이 옥고를 치르면서 복귀하지 못하였기 때문이다.

1919년 3월 29일, 자혜의원 앞에서 일제의 총칼을 무서워하지 않고 만세운동을 벌인 수원예기조합 33명 기생의 면면을 살펴보자.

1910년대 수원예기조합의 기생들과 기예(1918년 7월)

이름		나이	현주소	기예(技藝)
한자	한글			
徐桃紅	서도홍	21	水原郡 水原面 南水里123	검무, 승무, 정재무, 양금, 가사, 시조, 경성잡가, 서관리요(西關俚謠), 서화
金杏花	김향화	22	水原郡 水原面 南水里202	검무, 승무, 정재무, 양금, 가사, 시조, 경성잡가, 서관리요(西關俚謠), 서화
李錦姬	이금희	23	水原郡 水原面 南水里214	남무, 정재무, 가사, 시조, 경성잡가, 서관리요(西關俚謠)
孫山紅	손산홍	22	水原郡 水原面 南水里204	남무, 정재무, 가사, 시조, 경성잡가, 서관리요(西關俚謠)
申貞姬	신정희	22	水原郡 水原面 南水里227	승무, 정재무, 가사, 시조, 경성잡가, 서관리요(西關俚謠)
吳珊瑚珠	오산호주	20	水原郡 水原面 南水里192	검무, 승무, 정재무, 양금, 가사, 시조, 경성잡가, 남도리창(南道俚唱)
孫柳色	손유색	17	水原郡 水原面 南水里231	검무, 승무, 정재무, 양금, 가사, 시조, 경성잡가, 서관리요(西關俚謠)
李秋月	이추월	20	水原郡 水原面 南水洞276	정재무, 가사, 시조, 경성잡가, 남도리창(南道俚唱)

이름		나이	현주소	기예(技藝)
한자	한글			
金蓮玉	김연옥	18	水原郡 水原面 南水里267	검무, 남무, 정재무, 가사, 시조, 경성잡가, 서관리요(西關俚謠), 가야금 병창
金明月	김명월	19	水原郡 水原面 南水里190	승무, 검무, 정재무, 가사, 시조, 경서남잡가, 양금, 묵화
韓蓮香	한연향	22	水原郡 水原面 南水里216	입무(立舞), 정재무, 가사, 시조, 경성잡가, 서관리요(西關俚謠)
鄭月色	정월색	23	水原郡 水原面 南水里276	남무, 정재무, 가야금 병창, 가곡, 가사, 시조, 경서남리곡
李山玉	이산옥	19	水原郡 水原面 南水里235	가사, 시조, 경성잡가, 남도리창(南道俚唱)
金明花	김명화	17	水原郡 水原面 南水里214	검무, 정재무, 양금, 가사, 시조, 경성잡가, 서관리요(西關俚謠)
蘇梅紅	소매홍	20	水原郡 水原面 南水里203	남무, 검무, 승무, 정재무, 양금, 가사, 시조, 경성잡가, 서관리요(西關俚謠)
朴綾波	박능파	17	水原郡 水原面 南水里232	가사, 시조, 경서남잡가
尹蓮花	윤연화	19	水原郡 水原面 南水里106	입무(立舞), 정재무, 가사, 시조, 경성잡가, 서관리요(西關俚謠),
金鸚鵡	김앵무	16	水原郡 水原面 南水里232	가사, 시조, 경성잡가, 남도리창(南道俚唱)
李一点紅	이일점홍	16	水原郡 水原面 南水里267	입무, 가사, 시조, 서관리요(西關俚謠)
洪竹葉	홍죽엽	18	水原郡 水原面 南水洞267	시조, 경성잡가, 서관리요(西關俚謠)
金錦紅	김금홍	17	水原郡 水原面 南水里115	입무, 가사, 시조, 경성잡가, 서관리요(西關俚謠)
鄭可佩	정가패	17	水原郡 水原面 南水里249	정재무, 가사, 시조, 경성잡가, 서관리요(西關俚謠)
朴花娟	박화연	19	水原郡 水原面 南水里123	시조, 경성잡가

이름		나이	현주소	기예(技藝)
한자	한글			
朴蓮心	박연심	20	水原郡 水原面 南水里151	가사, 시조, 경성잡가, 서관리요(西關俚謠), 입무
黃彩玉	황채옥	22	水原郡 水原面 南水里108	입무, 정재무, 시조, 경성잡가, 서관리요(西關俚謠)
文弄月	문롱월	21	水原郡 水原面 南水里190	입무, 시조, 경남잡가(京南雜歌)
朴錦蘭	박금란	18	水原郡 水原面 南水里232	입무, 정재무, 부채춤, 시조, 경성잡가, 서관리요(西關俚謠)
吳彩瓊	오채경	15	水原郡 水原面 南水里192	승무, 가사, 시조, 서관리요(西關俚謠), 남도리요(南道俚唱)
金香蘭	김향란	18	水原郡 水原面 南水里276	가사, 시조, 경성리곡(京城俚曲)
林山月	임산월	17	水原郡 水原面 南水里249	가사, 시조, 경성속요(京城俗謠)
崔眞玉	최진옥	19	水原郡 水原面 南水里206	가사, 시조
朴桃花	박도화	23	水原郡 水原面 南水里218	남무, 정재무, 가사, 시조, 경성잡가, 서관리요(西關俚謠)
金彩姬	김채희	15	水原郡 水原面 南水里276	검무, 입무, 정재무, 가사, 시조, 경성잡가, 서관리요(西關俚謠)

"의기(義妓) 수원기생들의 3 · 1운동"에서 발췌. 자료제공 이동근(수원박물관 전문위원)

18. 조국애로 꽃핀 열일곱 소녀
"김마리아"

김마리아(金瑪利亞, 1903.3.1. ~ 모름)지사는 경기도 포천군 이동면 노곡리 1198번지가 고향으로 1920년 3월 1일 서울 배화여학교 재학 중 만세운동 1주년을 기념하여 급우들과 대한독립만세를 외쳤다.

이날 배화여학교에서 만세시위를 하다 김마리아 지사와 함께 서대문형무소로 잡혀 들어간 급우들은 소은숙, 안옥자, 안희경, 박양순, 김성재, 김의순, 문상옥, 박경자, 박신삼, 박하향, 김경화, 성혜자, 소사명, 소사숙, 손영선, 왕종순, 윤경옥, 이남규, 이수희, 이신천, 이용녀, 지사원, 최난씨, 한수자 등 24명이다.

이들은 모두 배화여학교 기숙사에서 생활하였는데 이 가운데 김마리아 지사(경기도 포천) 처럼 경기도 출신은 김의순(경기도 경성부), 박양순(경기도 시흥), 박하향(경기도 경성부), 성혜자(경기도 경성부), 안옥자(경기도 포천), 안희경(경기도 포천), 이수희(경기도 경성부), 최난씨(경기도 가평), 소은숙(경기도 연천) 지사다.

이 밖에도 강원도 출신으로는 김경화, 박경자, 왕종순, 윤경옥, 이남규, 한수자 지사이며, 황해도 출신으로 김성재, 손영선, 이신천, 이용녀 지사이고 경북 출신은 문상옥 지사, 충북 출신으로 박신삼 지사가 있다.

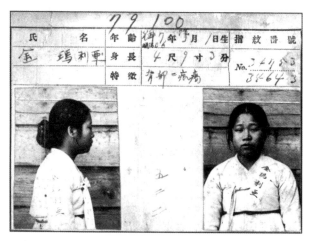

김마리아 지사 서대문형무소 수형자카드(앞면)

김마리아 지사 서대문형무소 수형자카드(뒷면)

1919년 당시 10대인 소녀들이 전국 각지에서 경성(서울)으로 올라와 배화여학교에 입학한다는 것 자체가 예사로운 일이 아니다. 그런 엘리트 여학생들이 만세시위로 붙잡혀 들어가 재판을 받아야했으니 장안의 관심은 물론이요 멀리 미주 지역 신문인 신한민보 1920년 5월 7일치에도 '배화여학교 여학생들 공판'이란 제목으로 보도되고 있다.

배화여학교 여학생 판결 언도 기사(매일신보.1920.4.6.)

그뿐만 아니라 〈매일신보〉 1920년 4월 6일치에도 '배화여학교에서 만세 부른 여학생들 판결 언도'라는 제목의 보도를 하는 등 사회적 관심도 자못 컸다. 배화여학교 만세시위 관련하여 여학생들이 받은 형량을 다음과 같다.

> 이수희, 김경화 : 징역 1년, 집행유예 3년
> 손영희, 한수자, 이신천, 안희경, 안옥자, 윤경옥, 박하경, 문상옥, 김성재, 김의순, 이용녀, 소은숙, 박신삼, 지은원, 소은경(국가보훈처 기록에는 소은명), 최난씨, 박양순, 박경자, 성혜자, 왕종순, 이남규, 김마리아 : 징역 6개월, 집행유예 2년

황해도, 경상도, 충청도, 강원도, 경기도 등에서 청운의 꿈을 간직한 채 올라와 기숙사 생활을 하면서도 이들은 일제의 식민지 정책에 저항하여 집단으로 만세시위에 참여하다가 길게는 1년 짧게는 6개월의 옥고를 치렀다.

독립유공자로 서훈 받은 '김마리아'는 몇 명?

1) 배화여학교 김마리아(金瑪利亞, 1903.3.1 ~ 모름)

기독교 계통의 배화여학교에 재학하던 중 이수희 등 동료 학생들과 함께 1920년 3·1 만세운동 1주년 때 만세시위를 계획하고 이 를 주도하였다. 경기도 포천군 이동면 노곡 리 출신.

※ 2018년 대통령표창 추서

2) 정신여학교 김마리아(金瑪利亞, 1892.6.18. ~ 1944.3.13.)

정신여학교를 졸업하고, 광주수피아여학교 교사로 재직하였다. 그 뒤 일 본 동경으로 건너가 학업을 계속하다가 2·8 독립선언문 수십 장을 가지고 귀국하여, 1919년 3·1만세운동의 불쏘시개를 당겼다. 대한민국애국부인회를 조직하여 회장에 뽑 혔으며 상해로 건너가서 대한적십자회 대한 지부를 결성하고 임시정부를 위한 군자금을 모금하였다. 1923년 미국으로 건너가 파크

대학을 졸업하고 귀국하여 원산의 신학원에서 교사로 근무하다가 1944
년 고문 후유증으로 광복을 못 보고 숨졌다.

> ※ 1962년 독립장 추서

3) 이범석 장군 부인 김마리아(金馬利亞, 1903.9.5. ~ 모름)

고려혁명군 정치공작대원으로서 시베리아
에서 항일전투에 참가하였다. 1940년 9월
17일 중경에서 광복군이 창설되자 참모장
인 부군 이범석을 보좌하며 중앙군관학교
제7분교의 노어교관, 전간단 제7분단한청
반(戰幹團第七分團韓靑班)의 노어·중국어 교관
으로 광복군 대원 교육에 힘썼다.

> ※ 1990년 애국장 추서

제 3 장

국내항일의 방아쇠를 당긴
여성독립운동가

19. 개성 독립운동의 산실 호수돈여학교의 횃불 "신경애"

신경애(申慶愛, 1907. 9. 22. ~ 1964.5.13.) 지사는 경기도 개풍군 영남면 용흥리 1448번지가 고향으로 개성 호수돈여학교를 졸업하고, 1927년부터 중앙여자청년동맹·근우회·신간회 회원으로 사회주의 운동에 참여하였다. 근우회는 1927년 여자의 단결과 지위향상이라는 강령으로 창립총회를 열었고 1931년 초까지 70여 지회가 나라 안팎에 조직되었다. 여성 지위 향상을 위해 사회적·법률적 일체 차별 철폐, 봉건적 풍습과 미신타파, 조혼폐지 및 혼인의 자유, 부인노동의 임금 차별 철폐 등 사회 구조적 문제와 경제적 차별에 문제를 제기했다.

신경애 지사는 1927년 4월 16일, 중앙여자청년동맹 제1회 정기총회에서 집행위원에 뽑혀 서무부원으로 4월 25일 제1회 집행위원회에 참석하였다. 9월 8일에는 근우회 상무집행위원회에 참석하였다. 12월 12일 서울 청년회 수제회(首題會)에서 준비위원으로 뽑혔다. 1928년 7월 30일 근우회 경성지회 수제회에서 정치문화부를 맡게 되었으며 9월 10일 근우회 본부 및 지회 연합위원회가 열렸을 때 관북지역 수해 동정금 모금 위원에 뽑혔다. 12월 18일 신간회 광주지회 기금부(基金部) 부원으로 활동하였다.

1929년 7월 27일부터 29일까지 3일 동안 근우회 제2회 전국대회가 경운동 천도교기념회관에서 열렸는데, 이때 광주지회 대의원으로 참석하였고, 경기도 전형위원에 뽑혔다. 1929년 9월 10일 광주 흥학관에서 조선

청년총동맹 전남 도연맹 제2년 제2회 정
기대회에서 집행위원으로 활약했다. 1931
년 4월, 신철·정종명과 함께 5월 1일 노동
절을 기념하여 전날 4월 30일에 서울에서
일제히 공장이나 노동자들이 모이는 장소
에 격문을 뿌려 노동운동을 선동하기로 계
획하였다. 그러나 일제에 발각되어 4월
22일에 용산경찰서에 잡혀 들어갔다.
신경애 지사는 5월 27일 이른바 치안유지
법 위반으로 경성지방법원 검사국에 송치
되었으나, 7월 1일 경성지방법원에서 기

신경애 지사.
서대문형무소 투옥 시 모습(25살)

소유예로 풀려났다. 그러나 그해 8월 좌익노동조합 전국평의회조직준비
회에 가입하여 12월까지 조선공산당 재건에 주력하던 중 다시 잡혀 옥고
를 치렀다.

"79명 중에서 첫날 5명만 출정"
이라는 제목으로 실린 신경애 지사
관련 기사(조선중앙, 1934.3.10.)

※ 신경애 지사 2008년 건국포장 추서

개성 만세운동의 중심,
호수돈여학교

호수돈여학교(현, 호수돈여자중고등학교)는 도산 안창호 선생이 "어느 여학교
와 비할 데 없이 조선의 딸로 길러주는 학교"라고 말할 정도로 민족주의
색채가 강한 학교였다. 미국 남감리교회의 여성선교 사업 책임자였던 캐
롤 여사가 1899년 개성 지방의 인삼 저장고였던 쌍소나무집을 사들여
12명의 여학생으로 수업을 시작하였다.

1913년 고등과 1회 졸업생

1904년, 송도지방에 여학교가 들어서길 바라던 주민들의 모금으로 45원
을 투자하여 개성여학당이라는 이름으로 개교하였으나 1938년 호수돈고

등여학교로 이름을 바꾸었다. 그 뒤 1941년에는 명덕학교로 다시 바뀌었다가 1953년 대전에서 개교하여 지금의 호수돈여자고등학교로 자리 잡았다.

개성시절의 호수돈여학교는 3·1만세운동의 중심지 역할을 하였는데 특히 비밀결사대원으로는 조숙경, 이향화, 권명범, 이영지, 유정희, 조화벽, 김정숙, 어윤희 등을 들 수 있다. 어윤희(1881.6.20. ~ 1961.11.18.) 지사는 1915년 서른다섯의 나이에 호수돈여학교를 졸업하고 개성 만세운동에 앞장섰으며 조화벽(1895.10.17. ~ 1975.9.3.) 지사도 호수돈여학교 출신으로 유관순 열사의 오라버니인 유우석 지사와 함께 독립운동과 교육사업에 헌신했다.

20. 김상옥 의사와 함께 부른 독립의 노래
"이혜수"

이혜수(李惠受, 1891. 1. 2. ~ 1961. 2. 7.) 지사는 경기도 경성부 효제동 73 번지가 고향으로 종로경찰서에 폭탄을 던져 일제를 응징했던 김상옥 의사와 동지다. 1923년 12월 26일치 〈동아일보〉에는 이혜수 지사와 김상옥 의사의 공판 사실이 신문 한 면을 차지할 정도로 크게 보도되었다. 이혜수 지사 기사는 "병상에 누운 채로 이혜수 양 공판"이라는 제목으로 실려 있다. 일제경찰의 고문으로 앉아있지도 못할 정도로 망가진 몸을 가지고 동생 이혜옥이 대신 대답을 하는 형태로 열린 공판이었다. 이때 이혜수 지사의 나이는 28살이었다. 이날의 사항을 최은희 씨는 『한국개화여성열전』에서 다음과 같이 기술했다.

"1923년 1월 22일 의열단 사건(종로경찰서에 폭탄 투척)으로 세상을 놀라게 한 김상옥은 자기의 생명을 초개 같이 여기고 효제동 한 모퉁이에서 일본의 수백 무장 경찰에 포위를 당하여 최후까지 쌍권총을 쏘다가 마침내 그의 일생을 피로 물들여 장렬한 전사를 했다. 이러한 김상옥 사건에 관련되어 일본 경찰의 잔혹한 고문으로 여러 번 까무러쳐 산 손장이 되었다가 겨우 생명은 부지하였으나 몹쓸 매질에 다리 병신이 되고 악형과 여독으로 수십 년 동안 병상에 누워 오랜 치료 끝에 조금 차도가 있었지만 청춘과 인생을 한껏 즐겨 보지 못한 채 세상을 떠난 한 여성이 있다. 그가 바로 이혜수다"

이혜수 지사 공판 보도
(동아일보. 1923.12.26.)

종로경찰서에 폭탄을 던져 세상을 놀라게 한 김상옥(1890. 1. 5. ~ 1923. 1.22.) 의사는 잘 알아도 그의 거사를 곁에서 도운 이혜수 지사에 대해서 우리는 잘 모른다. 이혜수 지사는 1891년 1월 2일 경성에서 아버지 이태성과 어머니 고소우리의 5녀 중 맏딸로 태어났다. 독실한 기독교 집안으로 자녀교육에 남다른 관심을 보였던 부모님의 영향을 받아 자녀 모두가 여자고등보통학교에서 근대교육을 받았다.

이혜수 지사는 한성고등여학교와 경성여자고등보통학교 기예과를 졸업하였다. 김상옥 의사와는 연동교회의 교인으로 어렸을 때부터 알고 지냈다. 1919년 3·1만세운동이 일어나자 이혜수 지사는 5월에 신의경 등 20여 명의 동지를 모아 애국부인회를 결성하였다. 이들은 상해에 있는 대한민국임시정부를 지원하고자 독립운동자금을 모집하는 한편, 임시정부 요인과 국내에서 활동 중인 애국지사의 비밀연락을 담당했다.

김상옥 의사가 영국인 피어슨 집에서 윤익중 등 여러 명의 동지들과 더불어 혁신단을 조직하고 〈혁신공보〉를 발행할 적에도 이혜수 지사의 손을 거쳐 은밀히 배부하였고 친일파들을 암살할 계획으로 한훈, 김동순 등과 함께 암살단을 조직할 때는 그 취지문을 이혜수 지사 집 건넌방에서 정설교가 썼다. 이혜수 지사는 암살단원들의 식사와 의류를 제공했으며 암살단 취지문을 등사판으로 밀어 300장을 만들어 배포하는 등 적극적으로 암살단원들의 일거수일투족을 도왔다.

일제의 삼엄한 감시로 국내 활동이 자유롭지 못하자 김상옥 의사는 상해로 망명했는데 독립자금이 필요하여 두 차례나 귀국했으며 이 때 뒷바라지를 한 사람도 이혜수 지사였다. 김상옥 의사는 상해에서 의열단에 가입하여 활동하다가 1922년 11월말 조선총독 암살과 종로경찰서 폭파라는 막중한 임무를 부여받았다. 상해에서 다시 서울로 돌아온 그는 이혜수 지사 집을 거점으로 흩어진 암살단 동지를 모아 거사준비에 나섰다.

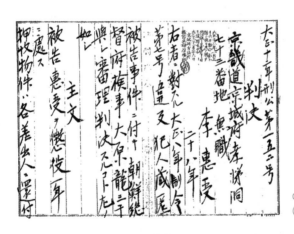

이혜수 지사 판결문
(경성지방법원. 1923. 12. 25.)

1922년 12월, 김상옥 의사가 상해로부터 무기 등을 반입하자 이혜수 지사는 김상옥을 자신의 집에 피신시키고, 비밀연락과 제반 편의를 제공하였다. 또한 1923년 1월에는 윤익중으로부터 독립운동자금 100원을 받아 김상옥에게 전해 주었으며, 같은 해 1월 12일 김상옥이 종로경찰서에 폭탄을 투척하고 18일 효제동 자택으로 찾아오자 김상옥을 나흘 동안 은 닉시켰다. 이어 22일 새벽 일경 수백 명이 효제동 일대와 그의 집을 겹겹 이 포위하고 집안으로 진입하자 김상옥 의사는 양손에 권총을 들고 3시 간 동안 일경과 격전을 벌인 끝에 마지막 총탄으로 자결하였다.

김상옥 의사가 최후의 1탄으로 장렬한 죽음을 맞이하자 그날 그 시각으 로 이혜수 지사의 일곱 식구들은 모조리 포승줄에 묶여 종로경찰서로 잡 혀갔다. 일경의 취조는 형언할 수 없는 악형과 고문으로 이어졌다. 특히 일경은 김상옥 의사 관련된 자는 없는지, 또 다른 무기를 감추지는 않았 는지 등을 집중해서 물었다. 이혜수 지사가 입을 다물고 대꾸를 하지 않 자 몹쓸 매질을 해대기 시작하여 결국에는 다리뼈가 으스러지고 살점이 흩어져서 피뭉치를 이루었다. 이 일로 이혜수 지사는 평생 다리를 쓰지 못하는 몸으로 삶을 마감했다.

"나는 권총을 갖고 있지 않다. 나는 모른다. 나는 폭탄도 없다. 우리 집에 왔던 사람은 전씨(이 자가 김상옥 의사가 숨어 있는 것을 고자질함) 밖에 없다. 죽일 테면 죽여라. 사람이 한 번 죽지 두 번 죽느냐!"라고 악을 쓰며 대들 었다. 반송장이 다된 이혜수 지사를 일경은 포승줄에 묶어 유치장으로 집 어넣었다. 결국 이혜수 지사만 경성지방법원으로 송치하고 나머지 가족 은 풀려났다.

1923년 12월 25일 이혜수 지사는 경성지방법원으로부터 징역 1년 형을 선고받고 옥고를 치렀다. 그 뒤 1961년 12월 22일 청파동 자택에서 뇌 출혈로 숨을 거둘 때까지 그는 평생을 고문 후유증으로 고통스런 삶을 살아야 했다. 김상옥 의사의 독립투쟁 절반의 몫은 이혜수 지사의 몫이었 다고 해도 지나치지 않을 만큼 이혜수 지사는 온 몸이 반신불구가 되면서 까지도 조국의 독립에 헌신적인 삶을 살았다.

※ 이혜수 지사 1990년 애국장 추서

이혜수 지사의 영원한 동지
김상옥 의사

"그 애가 자랄 때 온갖 고생을 했어요. 옷 한 가지 변변한 것을 못 얻어 입히고 밥 한술도 제대로 못 먹였으며 메밀찌꺼기와 엿밥으로 살았지요. 어려서 공부가 하고 싶어 '어머니 나를 삼 년만 공부시켜 주세요' 하던 것을 목구멍이 원수라 그 원을 못 풀어 주었습니다. 낮에는 대장간에서 일하고 밤에는 야학을 하는데 시간이 급하여 방에도 못 들어가고 마루에서 한 숟갈 떠먹고 갈 때 그저 '체할라 체할라' 하던 때가 엊그제인데 어쩌다가 이 모양이 되었습니까?" 김점순(1861.4.28. ~ 1941.4.30.)지사는 아들 김상옥의 주검 앞에서 그렇게 흐느꼈다.

그런 아들은 야학을 통해 민족의식을 싹틔우게 되고 급기야는 조국의 독립운동에 앞장서서 그간의 소극적인 방법을 달리하여 조직적이고 적극적인 투쟁을 모색하다가 동지들을 모아 암살단을 조직하게 되는데 혁신단(革新團)이 그것이다. 암살단은 김상옥을 중심으로 윤익중, 신화수, 김동순, 서병철 등으로 이들은 독립자금모집과 무기수송, 관공서 폭탄 투척 등을 계획한다. 이들의 주된 표적은 일제 총독과 고관을 비롯하여 민족반역자들을 숙청하는 것으로 이 계획을 효과적으로 대처하려고 대한광복회의 양제안, 우재룡 등의 동지와 적극적인 유대관계를 가지고 무력투쟁을 펼쳤으며 1차 목표로 전라도 등지의 친일파 척결을 위해 일본경찰이나 악명 높은 헌병대 습격을 감행하였다.

김상옥 의사

또한, 1920년 8월 2일 미국의원단이 동양 각국을 시찰하는 날을 잡아 이들을 영접하러 나간 일제 총독과 고관 등을 처단하기 위해 직접 상해 임시정부에 가서 이동휘, 이시영 등과 협의한 끝에 권총 40정, 탄환 300 여 발을 가져와 이들 시찰단의 조선 방문 때 거사를 도모했다. 미국의원 단은 여행 목적이 관광이었지만 이때는 제1차 대전이 끝나고 일제가 대륙침략을 추진하던 때로 미국의 아시아 극동정책 특히 만주를 포함한 소련과 일본과의 이해가 첨예하게 대립하던 시기였다.

따라서 식민지 한국인의 처지에서 미국의원단에게 일제의 침략전쟁을 인식시키고 결과적으로 한국의 독립을 지원하게 함과 동시에 세계여론에 호소하려는 게 그 목적이었다. 이를 계기로 이들은 제2의 3·1만세운동과 같은 거족적인 민족운동을 일으키기로 맘을 먹었다. 그러나 미국의원단의 서울 도착 전날 일부 동지들이 잡혀가는 바람에 이 계획은 실패로 돌아갔고 그는 일제 경찰의 수사망을 피하여 중국 상해로 망명하게 된다.

이곳에서 다시 김상옥은 김구·이시영·조소앙 등 임시정부 요인들의 지도와 도움으로 조국독립을 위한 투쟁을 전개하였는데 1921년 일시 귀국하여 군자금 모집과 정탐의 임무를 수행하였고, 다시 1922년 겨울 의열단원으로 폭탄·권총·실탄 등의 무기를 휴대하고 동지 안홍한·오복영 등과 함께 서울에 잠입하여 거사의 기회를 노리다가 이듬해 1월 12일 밤 종로 경찰서에 폭탄을 투척함으로써 일본의 식민지 척결과 독립운동에 불을 붙였다.

그러나 일제는 정예기마대와 무장경관 1,000여 명을 풀어 김상옥을 체포하려고 혈안이 되었으며 삼엄한 수색 끝에 포위된 김상옥은 그들과 대치하면서 몸에 지닌 권총으로 구리다(慄田) 외 일본경찰 15명을 사살하고 자신도 마지막 남은 한 방으로 순절하였으니 그의 나이 34살이었다.

※ 김상옥 의사 1962년 대통령장 추서

21. 광주의 슈바이처로 독립의 화살을 당긴 "현덕신"

현덕신(玄德信, 1896.1.12. ~ 1962.11.27.) 지사는 경기도 수원군 수원읍 신풍리 65번지가 고향으로 2020년 3·1절이 되어서야 정부로부터 독립유공자로 포상이 이뤄졌다. 현덕신 지사의 이번 포상은 사후 58년 만이요, 3·1만세운동 101주년이 되는 해에 비로소 독립운동 사실을 인정받은 것이라서 더욱 의의가 크다.

현덕신 지사 남편인 최원순(崔元淳, 1896.12.17. ~ 1936.7.6.) 지사 역시 2020년 3·1절에 부인과 함께 건국포장을 추서받았다. 하지만 부부독립운동가의 정부 포상은 너무 늦은 감이 든다.

동경여자의학전문학교 시절의 현덕신 지사

현덕신 지사는 고향이 수원이지만 생에 대부분은 전라도 광주에서 의사로 보냈다. 호남지역 최초의 여의사 현덕신 지사는 15살에 이화학당을 졸업하고 일본으로 건너가 동경여자의학전문학교를 졸업했다. 그의 동경 유학은 목사였던 오라버니 현석칠의 도움이 컸다. 유학 시절 훗날 남편이 되는 최원순 지사와 만나게 되는데 최원순 지사는 2·8독립선언을 주도적으로 펼쳤던 인물이다. 최원순 지사의 영향으로 현덕신 지사도 2·8독립선언에 가담하게 된다. 또한 현덕신 지사는 2·8독립선언 1주년이 되는 1920년 3월 1일, 도쿄 히비야(日比谷)공원에서 3·1만세운동 1주년을 맞아 유학생 80여 명과 독립만세를 부르다 체포돼 고초를 겪었다. 그 뒤 동경여자의학전문학교에 재학 중 조선여자친목회 조직에 참여해 서기로 활동하였다.

귀국 후에는 서울에서 부인과 의사로 활동했으며 1920년대 후반 국내외 독립운동 진영에서 민족협동전선운동이 일어나고 1927년 서울에서 근우회(槿友會)가 결성되자 이에 적극적으로 참여하여 집행위원과 정치부 위원으로 활동하였다. 이어 전남 광주에 병원을 개업하면서 거처를 옮긴 뒤에는 1929년 6월 근우회 광주지회 설립에 참여하여 활동을 계속하였다.

근우회는 일제하 최대의 민족협동전선운동 단체인 신간회(新幹會)의 자매단체로, 여성계몽과 사회운동의 조사·후원·해외동포 구호 모금운동을 펼쳤던 여성 민족협동전선 조직이었다. 창립 취지는 "과거의 여성운동은 분산적이었으므로 통일된 조직도 없고, 통일된 목표나 지도 정신도 없어 충분한 효과를 거두지 못하였으므로, 여성 전체의 역량을 견고히 단결하여 새로운 여성운동을 전개하려는 것"이었다. 강령으로는 여성의 공고한 단결과 지위 향상이었다. 운동 목표로는 봉건적 굴레에서 벗어나는 여성 자신의 해방과 일제 침략으로부터의 해방이라는 양대 방향이 제시되었다. 서울에 본부를 두고 서무부·재무부·선전조직부·교양부·조사부·정치연구부 등을 두었다. 해마다 지회가 늘어나서 1930년까지 전국에 걸쳐 60여

개의 지회가 설립되었다. 지회에도 본부와 비슷한 부서를 두고 활동했으나, 각 지회의 특수성에 따라 학생부·출판부 등이 추가되는 곳도 있었다.

1929년 제2회 전국대회에서는 구체적인 행동강령을 채택하였다. 교육의 성별 차별 철폐 및 여자의 보통교육 확장, 여성에 대한 봉건적·사회적·법률적 일체 차별의 철폐, 일체 봉건적 인습과 미신 타파, 조혼 폐지 및 혼인·이혼의 자유, 인신매매 및 공창 폐지, 농민 부인의 경제적 이익 옹호, 부인 노동자의 임금 차별 철폐 및 산전 산후 2주간의 휴양과 임금 지불, 부인 및 소년 노동자의 위험노동 및 야간작업 폐지, 언론·집회·결사의 자유 등이었다.

현덕신 지사는 근우회 활동을 하면서 개업의로 지역사회 봉사도 잊지 않았다.

최원순, 현덕신 부부독립운동가
혼인사진

그에 앞서 남편 최원순 지사는 일본 와세다대학교 정경과를 졸업하고, 1923년 동아일보 기자로 일했는데 우리나라 최초의 언론인 조직인 무명회와 철필구락부에 참여해 일제 저항의 기사를 썼다. 최원순 지사는 1926년 8월 22일치 동아일보 칼럼 〈횡설수설〉에서 일제를 강력하게 비판하는 글을 썼는데 이 글에서 "공산주의자는 검거하고 언론기관은 정지 아니면 금지하며 집회단체는 억압을 하면서도 간판만은 문화정치라 하니 어떤 사람이 비평하기를 조선인을 이익되게 하는 사람은 박해 배척하면서 그 반대로 조선인을 해하고 불리하게 하는 놈 등은 절대 보호하는 방침이므로 총독정치는 악당 정치다"라고 비판했다.

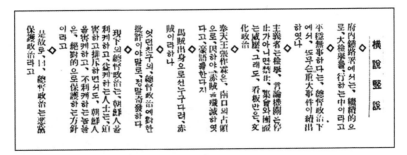

현덕신 지사 남편 최원순 지사가 총독부를 비판한 기사(동아일보.1926.8. 22.)

이 글로 최원순 지사는 경성복심법원에서 보안법위반으로 1926년 12월 20일, 징역 3월을 선고받고 옥고를 치렀다.

한편, 현덕신 지사는 헌신적인 의사로서의 삶과 앞을 보지 못하는 시아버지에 대한 지극한 효성으로 칭송이 자자했으며 일본 유학 시절 2·8독립선언에 참가하여 일제로부터 받은 고문 후유증과 귀국 후 동아일보 필화사건 등으로 얻은 병으로 시달리는 남편을 간호하는 일도 게을리하지 않았다. 현덕신 지사는 무등산 초입에 아담한 건물을 지어 남편 최원순의 호를 따서 '석아정' 이라 짓고 남편의 요양을 도왔다.

그뿐만 아니라 현덕신 지사는 의사 활동 외에도 문맹 퇴치를 위해 여자 노동야학을 개설하고, 광복 뒤에는 건국준비위원회 부인회 회장, YWCA회장, 대한부인회 등에서 활약했다.

현덕신 지사의 포상은 '사상문제에 관한 조사 서류' 등 일제 정보문서와 〈동아일보〉 등의 자료에서 공적 내용이 확인되어 이루어졌다. 한편, 1919년 3~4월 한성정부(漢城政府) 수립 운동에 기독교계 대표로 참여하고 국민대회 간부로 자금을 제공한 공로로 2004년 건국포장을 받은 현석칠(玄錫七) 선생은 현덕신 지사의 오라버니다.

※ 현덕신 지사 2020년 건국포장 추서

22. 구국민단으로 조국을 건진
"최문순"

최문순(崔文順, 1903 ~ 모름) 지사는 경기도 수원군 수원면 남수리 187번지가 고향으로 1920년 6월 이화여자고등보통학교 재학 중 경기도 수원에서 결성된 학생구국민단(이하 구국민단)에 참여하여 재무부장으로 『대한민보』 등을 배포하는 활동을 하다 체포되어 징역 1년, 집행유예 3년을 받았다. 최문순 지사 나이 17살 때 일이다.

최문순 지사가 속한 구국민단처럼 학생조직이 초기의 계몽주의적 한계를 탈피하는 것은 3·1만세 운동 직후부터였다. 학생단체를 총괄해서 보면 동창회와 학우회 또는 유학생회(향우회) 같은 친목단체와 그 외에 종교단체도 있었으나 이것은 학생조직의 근거가 모교 또는 향토 내지는 종교 등에 있었으므로 학생의 지성을 근거한 것은 아니다. 예컨대, 1920년부터 1929년 동안에 개성학생친목회, 수양학우회, 조선학생친목회, 해주유학생친목회, 조선여자유학생 친목회 등 총계 372개 단체(1920 ~ 1929)가 그것이다.

1920년대 학생운동계는 넓어졌고, 따라서 학생단체도 다양하게 발달하고 있었다. 그 가운데 친목을 제외한 이념조직 만을 주목하면 최문순 지사가 관여한 구국민단, 혁청단(革淸團), 조선학생총연합회, 공학회(共學會), 조선학생사회과학연구회 등을 꼽을 수 있다.

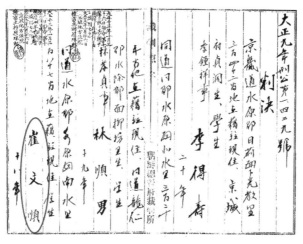

최문순 지사 판결문(경성지방법원 1921.4.12.)

1920년 6월에 창립된 구국민단의 경우, 창립회원은 최문순(이화여고보), 박선태(휘문의숙), 이종상, 이득수(삼일학교), 임순남, 이선경(삼일학교) 등이다. 단장에 박선태, 부단장 이득수, 서무부장 임순남, 구제부장 이선경, 재무부장 최문순 등이 활약했다. 설립목적은 조선독립국가 실현, 지사 가족 및 유족 구조(독립운동)이며 상해 임시정부와 연락하여 독립신문, 대한민보, 임정 결의문, 선전물 등을 서울, 수원 일대에 배포하는 일이었다.

당시 구국민단에서 활약한 세 명의 여학생은 재무부장 최문순 지사(17살), 구제부장으로 이선경 지사(18살), 서무부장 임순남 지사가 있다. 이들은 서로 의지하며 구국민단의 목표를 향해 단결하다 그만 붙잡히면서 불행이 시작되었다. 특히 이선경 지사는 신문과정에서 고문으로 병고를 얻어 재판정에도 나가지 못할 정도로 몸이 망가져 버리고 말았다. 악화된 병세로 이선경 지사는 결국 구류 8개월 만에 가출옥되었으나 감옥에서 나오자마자 9일 만에 순국의 길을 걷는다. 19살의 꽃다운 나이였다.

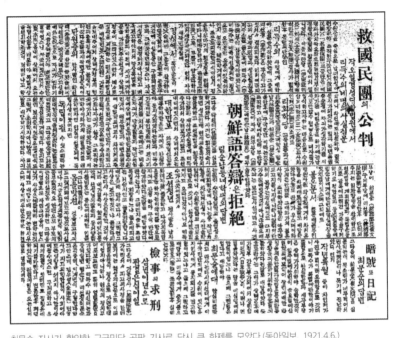

최문순 지사가 활약한 구국민단 공판 기사로 당시 큰 화제를 모았다.(동아일보. 1921.4.6.)

한편 최문순 지사는 옥고를 치른 뒤 삼일여학교 교사로 있으면서 밤에는 부인 야학을 하는 등 지속적인 민족교육을 실천해 나갔다. 당시 이들이 독립운동에 주도적으로 가담하고 근대적 엘리트 여성으로 성장할 수 있었던 데에는 구습에 얽매여 살던 여성들에게 평등사상과 민족의식을 교육했던 삼일여학교의 체험이 중요한 발판으로 작용했을 것이다.

※ 최문순 지사 2018년 대통령표창 추서

23. 다시 살아난 수원의 잔 다르크
"이선경"

이선경(李善卿,1902. 5. 25. ~ 1921. 4. 21.) 지사는 경기도 수원면 산루리 406번지(현 수원시 팔달구 중동)에서 태어났다. 산루리는 일제강점기 향교로와 수원화성의 4대 문 중 하나인 팔달문 사이에 있던 마을로, 현재의 수원시 팔달구 중동지역이 이에 해당한다.

이학구(李學九) 선생의 둘째 딸로 태어난 이선경 지사는 일찍이 딸들에게도 신학문을 가르쳐야한다는 의식을 갖고 있던 아버지 덕에 수원공립보통학교(현재 신풍초등학교 분교)에 입학할 수 있었다. 그 뒤 보통학교를 졸업하고 1918년, 숙명여학교에 입학하였으며 2학년 때인 1919년에는 언니 이현경이 졸업한 경성여자고등보통학교로 전학을 갔다.

이선경 지사가 열여덟 살 되던 해인 1920년 6월 20일, 경기도 수원에서 구국민단(救國民團)이 결성되었는데 이 조직에서 구제부장(救濟部長)으로 활동하였다. 당시 이선경 지사는 경성여자고등보통학교 3학년 재학 중이었는데 수원 삼일여학교 교사 차인재의 소개로 이화여자고등보통학교 2년생인 임순남과 최문순을 알게 되어 함께 구국민단 활동을 하게 되었다. 차인재 선생은 상해 임시정부로부터 ≪독립신문≫을 받고 구국민단의 이득수 동지와 함께 관내의 조선인들에게 이를 배포하는 등 적극적인 독립활동을 펴던 참이었다.

마침 이득수 지사는 혈복단(血復團)이라는 단체를 만들어 조선독립을 위한 기초를 다지고 있던 터에 차인재 선생을 통해 이선경, 임순남, 최문순 등을 소개받았던 것이다. 이득수 지사는 기존의 혈복단(血復團)을 구국민단(救國民團)으로 바꾸고 본격적인 활동에 들어갔다.

구국민단의 조직을 보면 단장 박선태, 부단장 이득수, 서무부장 임순남, 재무부장 최문순, 교제부장은 차인재가 맡았으며 이선경 지사는 구제부장을 맡았다. 당시 구국민단은 2대 목표를 세웠는데 첫째는 한일병합에 반대하고 조선을 일제의 통치하에서 벗어나게 하는 것과 둘째는 독립운동을 하다가 수감되어 있는 유족 구제를 하는 것이었다.

이들은 7월 초순 《대한민보》에 나오는 조선독립사상에 관한 기사를 인쇄하여 수원면내의 조선인에게 배포하였으며 1주일에 한 번씩 금요일마다 수원 읍내에 있는 삼일학교에서 동지들과 모임을 갖고 조선의 독립을 위한 활동 계획을 세워나갔다.

이선경 지사 판결문(경성지방법원. 1921. 4. 12.)

한편 이선경 지사는 기회를 엿보아 상해로 가서 대한민국임시정부에 참여하여 더 큰 활동을 꿈꾸고 있었다. 그리하여 상해 임시정부로 가기 위해 8월 9일 수원을 출발하여 상해로 향하다가 경성에서 그만 잡히고 말았다. 이선경 지사의 신문 조서 내용 중 일부를 보면,

"언제부터 조선 독립에 대한 생각을 가졌는가?"
"어른들로부터 어렸을 때부터 들었으니 태어났을 때부터요"

"그 생각이 옳다고 생각하는가?"
"정의의 길이라 생각하오"

"만일 석방된다면 다시 이 운동을 벌일 생각인가?"
"그렇소. 석방되어도 다시 나라의 독립을 위해 싸우겠소"

신문 내용에서 볼 수 있듯이 이선경 지사의 강한 독립의지는 매우 확고했다. 체포 뒤 신문과정에서 이선경 지사는 심한 고문으로 병을 얻어 재판정에도 나올 수 없는 심각한 상태가 되었다. 궐석재판 끝에 1921년 4월 12일, 경성지방법원에서 '1919년 제령(制令) 제7호(정치에 관한 범죄처벌건)' 위반으로 징역 1년, 집행유예 3년을 선고받았으나 구류 8개월 만에 석방, 고문 후유증으로 열아홉 살 되던 해인 1921년 4월 21일 순국의 길을 걸었다.

한편 이선경 지사의 언니 이현경도 독립운동가다. 이현경 지사는 경성여자고등보통학교를 졸업하고 일본 유학을 떠난 인텔리다. 이현경 지사는 1920년 3월에 창립된 여자청년회에서 창립총회 명단에 서기로 이름을 올렸으며, 그해 11월 조선여자유학생학흥회의 편집부원을 맡았다. 1921년 3월 1일 3·1만세운동 2주년 때에는 도쿄 히비야(日比谷) 공원에서 태

극기를 흔들며 만세를 외치다가 일본 경찰에 검거되었다. 그러나 아쉽게도 이현경 지사는 현재 독립유공자로 포상받지 못한 상태다.(2020.8.15. 현재)

언니 이현경(왼쪽), 동생 이선경 지사

이현경 지사는 유학 중에 도쿄 히비야 공원에서 만세운동을 벌였는데 그 내용은 1921년 3월 5일 〈동아일보〉가 크게 보도하여 국내에 알려졌다.

"3월 1일은 조선독립선언의 기념일이라 하여 동경에 유학하는 조선학생 등이 동일 오후 2시부터 히비야공원에서 만세를 부르고 독립연설을 하다가 76인이 검거되었다 함은 이미 보도한 바어니와, 당일에 이러한 거동이 있을 줄을 짐작한 히비야경찰서에서는 마쓰다(增田)서장 이하 경관이 미리 경계하고 있던 중, 마침 비오는 날임에도 불구하고 조선학생들은 각각 한국 국기를 가지고 삼삼오오 모여, 오후 1시 반경에는 1백 수 십명에 달하여 만세를 연하여 부름으로, 동 서장은 곧 해산을 명하였으나 잘 듣지 아니하므로 잠시 충돌이 있었으나, 곧 주최자의 혐의가 있는 시부야(澁谷) 593번지 오카다(岡田) 집의 와세다 대학생 국기열(鞠錡烈·30) 이하 76인을 검거한 결과, 그중에는 이현경(李賢卿·22) 이라는 여학생 외에 5명의 여학생도 검거되어 엄중히 취조중이라더라.

- 이현경 지사 보도 내용(동아일보, 1921. 3. 5.) -

수원의 유관순 이선경 지사와 언니 이현경 지사 자매가 독립운동 한 사실은 잘 알려지지 않았다. 수원지역에서는 이 두 자매의 활동이 조금씩 알려지고는 있지만 특히 열아홉 꽃다운 나이에 일제의 고문으로 목숨을 잃어야 했던 이선경 지사의 순국의 삶은 더 알려져야 할 것이다.

이선경 지사는 왜 그동안 알려지지 않았나?

유관순 열사가 1920년 10월 독립운동의 제단 위에 거룩하게 바쳐지고 난 지 6개월만인 1921년 4월 21일 이선경 열사가 꽃다운 나이에 또 다시 순국의 길을 걸었다. 그러나 우리는 유관순 열사의 이름을 알고 있지만, 수원이 낳은 이선경 열사에 대하여는 잘 모르고 살아왔다. 유관순 열사가 일제의 감옥에서 순국하였고 이화학당 교사 미쓰 월터 선생이 시신을 거두었다는 점에서 대외적으로 널리 알려질 수 있었던 상황이었던 것에 견주어, 이선경 지사는 경기여고를 퇴학한 상태였고, 구류 8개월 만에 석방되어 집에서 순국하였기 때문에 널리 알려지지 않았던 것 같다.

더욱이 함께 독립운동을 펼쳤던 인물들이 이에 대하여 구체적인 증언과 문제의식을 가지고 대응하지 못한 점도 한 원인으로 보인다. 거기다가 일본유학을 했던 언니 이현경이 사회주의 운동을 펼쳤고, 일제의 검거를 피해 안광천과 중국으로 망명한 이후 귀국하지 않아 순국한 이선경을 조명할 수 있는 상황이 아니었을 것이다.

그뿐만 아니라 이선경 지사의 남동생이 있었으나 누나 이현경의 영향을 받아 일찍부터 사회주의적 성격으로 수원청년동맹에서 핵심적인 역할을 하긴 했지만 해방 이후 특별한 활동을 보이지 않아 누나 이선경의 활동 상황을 전할 여건이 되지 못했다. 게다가 3·1만세운동 때 일제에 의해 감옥에서 순국한 사람들에 견주어 집에서 죽음을 맞이한 소녀에 대한 무관심도 이선경 지사가 조명되지 못한 한 원인으로 보인다.

구국민단

이종상, 임순남, 최문순, 이선경, 박선태 등의 젊은 학생들이 일본의 억압으로부터 벗어나 독립을 위하여 1920년 6월 20일 '구국민단'이라는 비밀결사를 조직하였다. 박선태는 회장, 이득수는 부회장이 되고, 수원에 거주하고 있던 김석호, 김노적, 윤귀섭, 김병갑, 이희경, 신용준 등이 동지가 되었다.

이들은 '일한합병에 반대하여 조선을 일본 제국 통치하에서 이탈케 하여 독립국가를 조직할 것과 '독립운동을 하다가 입감되어 있는 사람의 유족을 구조할 것'을 목표로 내세웠다.

血復公判延期團

이선경 지사는 구국민단(전신 혈복단)에서 활동했다

한편 수원에서 3·1동지회 등이 조직되어 활동했지만 이선경의 의로운 죽음에 대하여 역시 폭넓은 조명은 하지 못했다. 이러한 과정에서 2012년 3월 1일 건국포장 애국장에 추서되어 그의 나라사랑 정신이 세상에 알려지게 되었으니 참으로 다행이다. 뚜렷한 역사적 궤적을 보여주는 순국열사 이선경 지사에 대하여 수원시는 이를 영원히 기억하고 그와 그 가족의 뜨거운 조국애를 널리 세상에 알려야 할 것이다.

<이 글은 한동민(수원박물관 학예팀장)이 쓴 "수원의 여성독립운동가 이선경"에서 인용한 것임>

24. 노동운동을 통해 독립을 외친
"홍종례"

홍종례(洪鍾禮, 1918 ~ 모름) 지사는 경기도 수원군 성호면 세교리 397번지가 고향이다. 1934년 5월부터 서울에서 김희성 등이 주도한 비밀결사당 재건운동에 이병희, 최경창 등과 함께 활동하다 붙잡혀 1937년 5월 11일 경성지방법원에서 치안유지법위반으로 기소유예(起訴猶豫 : 범죄 사실은 인정되지만 피의자의 연령이나 범행 후의 정황 등을 참작하여 공소를 제기하지 않는 검사의 처분)를 받았다. 하지만 홍종례 지사는 1936년 12월, 경기도 경찰부에 잡혀가 1937년 5월 11일 언도일 까지 약 6개월 동안 구류를 살았다.

열여덟 살의 나이로 수감된 홍종례 지사(일제감시대상인물카드)

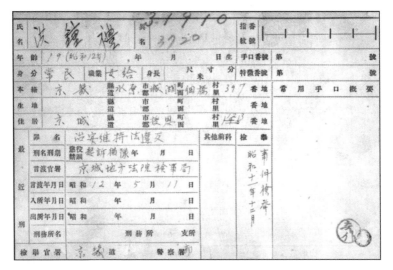

홍종례 지사의 죄명 등이 적혀있는 카드(일제감시대상인물카드)

홍종례 지사의 수형 기록은 일제감시대상인물카드에 정확히 기록되어 있다. 이 카드에는 상반신 사진(1937년 3월 29일 형사과에서 촬영, 보존원판 제33791)과 본적(경기도 수원군 성호면 세교리 397), 주소(경기도 경성부 수은동 123), 죄명(치안유지법위반)과 형기(기소유예), 언도년월일(1937년 5월 11일), 언도기관(경성지방법원검사국), 검거일(1936년 12월) 등이 빼곡하게 적혀있다.

한편, 홍종례 지사의 판결문은 아니지만 김희성(징역 2년), 박인선(징역 3년), 최병직(징역 1년 6월), 이병희(징역 1년) 등이 사회주의 사상을 통한 독립운동을 하다 잡혀 경성지방법원에서 1939년 4월 14일에 판결을 받은 판결문 속에 홍종례 지사의 활약상이 나온다. 다음이 해당부분이다.

> "(김희성)은 소화 10년(1935년) 11월 상순경 경성부 봉래정 4번가 59
> 번지 민태복 집에서 이덕수를 만나 이덕수에게 여공 홍종례를 소개
> 하고 사회주의 운동을 하도록 종용했다."

이 판결문을 통해 당시 동덕여자보통학교를 졸업하고 종연방적회사에 다니면서 노동운동을 하던 이병희(1918~2012) 지사와 근화여자보통학교를 졸업하고 경성사립여자상업학교 재학 중이던 박온(1915~모름) 지사 등이 홍종례 지사와 함께 사회주의 사상을 공부하면서 노동운동에 뛰어들었음을 알 수 있다. 당시 여학교 출신으로 공장에 취직하여 의식적인 노동운동을 하면서 독립운동으로 연계한 일은 흔한 일이었다.

홍종례(2020년 대통령표창) 지사처럼 노동운동을 통한 독립운동을 인정받아 국가로부터 포상 받은 여성독립운동가는 이병희(1996년 애족장), 이효정(2006년 건국포장), 박재복(2006년 애족장), 고수복(2010년 애족장), 최경창(2020년 애족장) 지사 등이다. 그러나 박온 지사의 경우는 징역 1년형을 살았음에도 안타깝게도 아직(2020년 8월 현재) 미포상자다.

김희성 등의 판결문 속에 '여공 홍종례' 지사의 내용이 나온다.(경성지방법원, 1939. 4. 14)

노동운동을 통한 독립운동을 한 이병희, 이효정, 고수복, 최경창, 박온 지사(왼쪽부터)

나라를 일제에 강탈당하지 않았더라면 꽃다운 청춘을 감옥에서 보내지 않아도 좋았을 일을, 10대의 아름다운 조선여성들은 스스로 독립의 길을 선택하여 고난의 불구덩이로 뛰어들었다. 특히 고수복 지사는 감옥에서 모진 고문을 견디지 못해 22살(1911 ~ 1933)의 나이로 순국의 길을 걸었다. 그나마 이효정(1913 ~ 2010), 이병희(1918 ~ 2012), 박재복(1918 ~ 1998) 지사는 숨을 거둔 날을 알지만 수원의 여전사들인 최경창(1918 ~ 모름), 홍종례(1919 ~ 모름) 박온(1915 ~ 모름) 지사에 대해서는 감옥에서 나온 이후의 행적이 알려져 있지 않아 더욱 안타깝다.

※ 홍종례 지사 2020년 대통령표창 추서

제 4 장

중국에서
조국의 광복을 부르짖은
여성독립운동가

25. 상해 애국부인회서 활약한
"강영파"

강영파(姜英波) 지사의 본적은 경기도이지만 중국 상해에서 주로 활동했다.
1930년 8월 중국 상해에서 상해여자청년회 창립대회 주비위원(籌備委員)
및 임시위원으로 활동하고 1932년 4월 동 회의 총무부장으로 활동했다.
임시정부가 중경으로 이동한 뒤 1942년 한국애국부인회가 재건되자 재
무부 주임을 맡았으며 1944년 3월에는 임시정부의 여당격인 한국독립당
당원으로도 활동하였다.

강영파, 유진동 부부독립운동가

강영파 지사는 한국광복군사령부 군의처장으로 활약하고 임시의정원 의
원을 지낸 유진동(劉振東, 1908~모름) 선생의 부인이다. 유진동 선생은 한
일병탄 뒤 가족들과 함께 만주로 이주했고, 1920년대 중순에 상해에서
동제대학(同濟大學) 의과 대학에 입학해 의학을 공부했다. 1928년 4월 안

병무, 김기승, 구익균 등 10여 명과 함께 한인학우회를 조직했다. 한인학
우회는 학문의 연구증진과 과학지식 습득을 목표로 삼았지만, 1929년 광
주학생항일운동에 고무되어 1930년부터 항일 투쟁단체로 전환되었다.

유진동 선생은 이 단체에서 서무위원으로 활동하면서 임시정부요인을
후원했으며, 1931년에는 학우회 대표로 상해에서 열린 한인각단체대표
회의에 참석해 중국 정부의 지원을 요청했다. 1931년부터 1934년까지
흥사단 원동위원부에 소속되어 활동했고, 1933년에는 한국독립당원이
되었으며 1936년에는 민족혁명당원으로 활동했다. 이 무렵, 유진동 선
생은 김구 주석의 주치의로 활약했다. 《백범일지》에서 김구는 유진동을
"상해 학생 시절부터 나를 특별히 따르던 동지"라고 쓰고 있다. 이후 김
구를 따라 중경으로 이동한 유진동 선생은 1940년 무렵 김구의 중매로
경기도 출신의 간호사이자 애국부인회 회원이었던 강영파 지사와 결혼
한다.

중경 시절. 뒷줄 왼쪽부터 연미당, 강영파, 김병인, 이국영, 정정화 지사

1940년 무렵 중경에 살던 한인들은 폐병으로 고통받았다. 300여 명의 한인 가운데 6~7년 사이에 폐병으로 사망한 이만 70여 명에 이를 정도였다. 유진동 선생의 아들 유수동 씨에 따르면 유진동 선생도 환자의 치료를 하다가 과로로 피를 토하거나 치질, 경추염 등의 질환에 시달렸다고 한다. 하지만 그러한 열악한 상황에서도 유진동, 강영파 부부독립운동가는 독립운동에 헌신했다.

※ 강영파 지사 2019년 애족장, 유진동 지사 2007년 애국장 추서

26. 어두운 암흑기 임시정부의 횃불
"연미당"

"연미당, 이복영, 김정숙 등이 안창호 선생 추도회에서 애도가를 불렀으며 추도식장 안은 비분강개한 분위기로 눈물바다를 이루었다."

이는 1938년 6월 30일 〈신한민보〉 기사로 연미당 지사가 30살 때의 일이다. 일명 충효(忠孝) 미당(美堂)으로 불리며 경기도 여주 출신인 연미당(延薇堂, 1908.7.15. ~ 1981.1.1.) 지사는 이보다 앞서 22살 때인 1930년 8월 중국 상해에서 한인여자청년동맹이 조직되었을 때 5명의 임시위원 중 한 사람으로 뽑혀 상해 청년 여자교민에 대한 조사와 상해지역에 거주하고 있던 교민들의 단합을 위하여 활동하였다.

연미당 지사는 경기도 여주군 금사면 주록면 90번지가 고향으로 독립운동가 연병환 (1878 ~ 1926) 선생의 따님이다. 연병환 선생은 1907년 중국으로 건너가 1919년 3월 13일 북간도 만세운동을 이끈 분이다. 동생 병호, 병주, 병오 씨 등을 북간도로 불러 가족 모두 독립운동에 투신한 보기 드문 가문이다. 연미당 지사는 어린시절부터 아버지와 삼촌들의 독립운동을 보고 자랐다.

연미당 지사

열아홉 살 되던 해 상해 임시정부 선전부장을 지낸 엄항섭(1898~1962) 선생과 결혼했다. 중국어·불어·영어 등을 익힌 엄항섭 선생은 백범 김구 주석을 그림자처럼 따르며 임시정부가 중국 정부와 교류하는 데 큰 역할을 했다. 백범 서거 뒤 장례식에서 "선생님 민족을 걱정하시던 얼굴을 아침마다 뵈었는데 내일부터는 어디 가서 뵈오리까. 선생님을 보내고 싶지 아니합니다"라는 추모사를 하기도 했다.

연미당 지사는 윤봉길 의사의 상해 홍구공원 거사 뒤 일제의 포악한 탄압을 피해 대한민국임시정부가 1932년 4월부터 1936년 5월에 이르는 동안 가흥·진강을 거쳐 장사(長沙)로 이동할 때 임시정부 요인들을 수행하며 도왔고, 장사에 있는 남목청(楠木廳)에서 3당 통일회의가 열리고 있을 때 이운한의 저격을 받아 중상을 입은 백범을 정성으로 간호하였다.

연미당과 엄항섭 선생의 혼례식(1927)

1938년 10월에는 한국광복진선청년공작대원(韓國光復陣線靑年工作隊員)이 되어 선전과 홍보활동에 주력하였고 1943년 2월 중경에서 한국애국부 인회의 조직부장으로 뽑혀 반일의식을 드높이는 방송을 담당하며 활동 하였다.

또한, 1944년 중국 국민당 정부와 대한민국임시정부 사이의 협조로 대적 선전위원회(對敵宣傳委員會)를 통해 임시정부와 광복군의 활동 상황을 우리 말로 방송하였다. 한편, 한국인 사병의 초모(招募 : 의병이나 군사 따위를 구하 여 모으는 일) 공작을 하면서 한국 여성들의 참여를 독려하고 1944년 3월 에는 한국독립당에 입당하여 조국독립을 위한 활동을 펼쳤다.

한편, 연미당 지사의 따님인 엄기선(1929~2002) 지사도 1938년 12월 한 국광복군의 전신인 한국광복진선청년전지공작대 대원으로 한국인 병사 에 대한 초모공작 등에 힘썼다.

※ 연미당 지사 1990년 애국장, 따님 엄기선 지사 1993년 건국포장

독립운동의 든든한 동반자
남편 엄항섭 지사

백범 김구 주석은 《백범일지》에서 엄항섭 지사에 대해 이렇게 썼다.

"엄항섭 군은 자기 집을 돌보지 않고 석오 이동녕 선생이나 나처럼 먹고 자는 것이 어려운 운동가를 구제하기 위해 불란서(프랑스) 공무국에 취직을 하였다. 그가 불란서 공무국에 취직한 것은 두 가지 목적에서였다. 하나는 월급을 받아 우리에게 음식을 제공해 주는 것이고 다른 하나는 왜(일본)영사관에서 우리를 체포하려는 사건을 탐지하여 피하게 하고 우리 동포 중 범죄자가 있을 때 편리를 도모해 주는 것이었다."

백범이 있는 곳이면 어디라도 그림자처럼 동행하면서 대한민국임시정부에서 활약한 사람이 엄항섭 지사다. 그는 경기 여주 출신으로 1919년 중국 상해로 망명하여 임시정부 여주군 담당의 국내조사원과 법무부 참사(參事) 등에 임명되어 활동하였다. 1922년 절강성 항주에 있는 지강대학(之江大學)을 졸업한 뒤 임시의정원 의원과 임시정부 비서국원 등으로 활동하였다. 1924년 상해청년동맹회를 조직하여 집행위원에 선정되었으며 경제후원회를 만들어 임시정부를 적극적으로 지원하는 활동을 전개하였다.

1931년 한국교민단의 의경대장(義警隊長)으로 활동하면서 조선혁명당을 조직하여 조직의 재무를 맡았으며, 애국단 조직에 참여하여 김구의 주도하에 계획된 윤봉길 의사의 홍구공원 의거를 적극적으로 지원하는 한편 1936년부터는 임시의정원 의원으로 계속 활동하였다. 1937년 2월 한국 광복운동단체연합회를 결성하여 항일전선을 구축하였으며, 임정의 결산 위원을 담당하였다.

임시정부 요인과 가족들, 앞줄 왼쪽부터 엄기순, 엄기선, 엄기동(엄항섭 지사의 딸과 아들), 가운뎃줄 왼쪽부터 송병조, 이동녕, 김구, 이시영, 조성환 선생, 뒷줄 왼쪽부터 연미당, 엄항섭(연미당 지사 남편), 조완구, 차리석, 이숙진(중국 전장, 1936)

1940년 5월 3당 통합운동에 참여하여 한국독립당을 창당하고 그 집행위원에 뽑혔으며, 1941년 10월에는 임시의정원 의원으로 외무위원회 위원장에 선출되었고, 10월 11일에는 한·중문화협회(韓·中文化協會)의 한국측 이사에 선임되었다. 1944년 5월 임시정부의 선전부장 및 주석 판공비서에 임명되어 광복될 때까지 독립운동에 헌신하다가 광복 후 1945년 11월 백범 김구와 함께 환국하였다. 광복 후 민주의원의 의원 등으로 활동하다가 6·25 당시 북한에 납치되었다.

※ 엄항섭 지사 1989년 독립장 추서

27. 애국부인회서 여성들의 단합을 이끈
"이순승"

이순승(李順承, 1902.11.12. ~ 1994.1.15.) 지사는 1923년 중국 상해로 망명하여 대한민국임시정부에서 활동하던 조시원(1904 ~ 1982) 지사의 부인으로 이들은 부부독립운동가다. 이순승 지사는 1930년 국내에서 군자금 모금을 위하여 활동을 하다가 인천에서 일경에게 잡혀 20일간 감옥살이를 했다. 그 뒤 1940년 6월 17일 중국 중경에서 한국혁명여성동맹 조직 결성에 참여하였으며 한국독립당의 창립위원이 되었다.

이듬해 1941년에는 한국독립당의 중경 강북구당 집행위원으로 활동하였다. 1943년 2월 중국 중경에서 한국애국부인회(韓國愛國婦人會)의 재건 움직임이 일면서 이순승 지사는 재건요원으로 뽑혀 전체 부녀자들의 각성과 단결을 부르짖으며 여성의 독립운동을 이끌었다.

이순승 지사

한국애국부인회는 국내외 1천 5백만 애국여성의 단결의 상징이며, 일본타도와 대한독립, 민족해방을 위한 목표를 두고 활동했다는 데 그 의의가 있다. 특히 한국애국부인회는 국내 각계각층의 여성, 우방 각국의 여성 조직, 재미여성단체와의 긴밀한 상호관계를 통한 여성의 연대를 이뤄낸 것이 특징이다.

한국혁명여성동맹 창립기념 사진(1940. 6. 17.)
앞줄 왼쪽 : 이헌경, 정정화, 이국영, 김효숙, 방순희, 김정숙, 김병인, 유미영
가운데줄 왼쪽 : 모름, 조용제, 오영선, 송정헌, 정현숙, 오건해, 모름, 김수현, 노영재
뒷줄 왼쪽 : 윤용자, 모름, 이숙진, 최선화, 오광심, 연미당, 최형록, **이순승**

이순승 지사를 비롯한 애국부인회 여성들은 "국내외 부녀를 총 단결하여
전민족 해방운동 및 남자와 일률 평등한 권리와 지위를 향유하는 민주주
의 신공화국건설에 적극 참가하여 공동 분투하기로 한다."는 내용의 7개
조에 이르는 강령을 만들어 활발한 사회활동과 독립운동을 펼치면서 대
한민국임시정부를 적극 도왔다.

한국혁명여성동맹에서 활약한 여성 가운데 독립유공자 서훈을 받은 사람
은 이순승 지사를 비롯하여, 조용제, 송정헌, (이하 애족장. 1990), 정현숙
(애족장. 1995), 최형록(애족장. 1996), 오영선(애족장. 2016), 오건해, 이헌경,
김수현, 김병인, 윤용자(이하 애족장. 2017) 등이 있다.

※ 이순승 지사 1990년 애족장

남편(조시원)과 딸(조순옥)도
독립운동가

이순승 지사의 남편 조시원(趙時元, 1904.10.23. ~ 1982.7.18.) 지사는 경기도 양주 출생으로 조소앙 선생의 친동생이다. 1928년 상해에서 한인청년동맹 상해지부 집행위원회 정치·문화부 및 선전조직부 간부로 활동하였으며, 1930년에는 한국광복진선(韓國光復陣線)을 결성하였다. 1935년에는 형님 조소앙·홍진 등과 함께 월간잡지 『진광(震光)』을 펴내 항일의식을 높였다. 1939년 10월 3일에는 임시의정원 경기도 의원에 뽑혀 광복 때까지 의정활동에 참여하여 항일활동에 몸을 바쳤다.

조시원 지사

1940년 5월에는 3당 통합운동에 적극 참여하여 한국독립당을 창당하여 중앙집행위원에 뽑혔다. 1940년 9월 17일에 한국광복군이 창설됨에 따라 광복군 총사령부 부관으로 임명되었으며 총사령부가 중경에서 서안으로 옮겨감에 따라 서안으로 가서 부관처장 대리로 일했다. 또한 임시정부 선전위원회의 위원을 겸직하기도 하였다.

1941년에는 중국 중앙전시간부훈련 제4단특과 총대학원대한청반(中央戰時幹部訓練 第四團特科 總大學員隊韓靑班)에서 안일청·한유한·송호성 등과 함께 군사교관으로서 전술, 역사, 정신교육을 담당하며 민족정신 교육에 온 힘을 쏟았다. 이 기관은 전시 하에 급격히 필요한 간부를 많이 길러내기 위하여 일정한 기간 교육훈련을 하는 군사교육기관이다. 1943년에는 광복군 총사령부 군법실장(軍法室長)에 뽑혀 항일활동을 펼쳤으며, 광복군 정령(正領)으로 일했다.

한편 이순승 지사의 따님인 조순옥(1990년 애국장) 지사는 여자광복군으로 활동하였다.(이 책 38. 두려움 떨치고 조국의 부름에 나선 "조순옥" 편 참조)

※ 조시원 지사 1963년 독립장

28. 독립군을 적극 지원한 만주의 어머니
"정현숙"

"14살 어린 나이로 시집와서 남의 땅에다 농사를 지어먹고 살았으니 언제나 쪼들렸지요. 시아버님께서 포수 일을 하시면서 간간이 살림을 보태주셨어요. 나는 그때부터 일복을 타고났다고나 할까? 농한기에도 다른 집일을 하며 살림을 꾸려나갔지요. 워낙 힘이 꿋꿋해서 여자지만 남자 이상의 일을 했습니다."

정현숙(鄭賢淑, 정정산, 1900. 3.13. ~ 1992. 8. 3.) 지사는 1974년 한 주간지와의 대담에서 이렇게 과거를 회상했다. 경기도 용인군 원삼면 죽능리 829번지가 고향인 정현숙 지사는 남편 오광선 장군이 신흥무관학교에서 교관을 맡자 시아버지 오인수 의병장을 모시고 1919년 무렵 만주 유하현으로 떠났다. 이때부터 정현숙 지사는 조국광복을 찾아 만주로 몰려드는 독립운동가들 뒷바라지에 온 힘을 다했으며 "만주의 어머니"라고 칭송받았다.

1935년까지 만주 길림성 일대에서 독립군 뒷바라지와 비밀 연락 임무 등을 수행하다가 청산리 전투 이후 독립군이 크게 승리하자 일제의 간악한 보복공격으로 유랑생활이 시작되었다. 거듭되는 이사와 마적단의 습격, 견디기 힘든 혹한의 추위와 배고픔과 온갖 질병 속에서 버텨야 하는 삶이 지속되었다. 남편 오광선 장군은 임시정부의 특수임무를 맡아 활약하다 일경에 체포되어 가족들은 오래도록 떨어져서 그 생사를 알지 못한 채 지내야 했다.

"토교에서 정씨(정현숙 지사)는 홀로 삼 남매를 키우느라 늘 궁색한 처지로 형편 필 날이 없었다. 백범은 오광선의 가족들이 그렇게 고생하는 것을 안쓰럽게 생각하여 늘 관심을 가지고 지켜보았다.(중간 줄임) 영걸 어머니(정현숙 지사)는 고생이 심했다. 내가 다른 이들보다 특히 영걸 어머니에게 정을 쏟고 희영이나(큰따님) 희옥에게(작은 따님) 좀 더 잘해주려 한 것은 이런 이유에서였다. 영걸 어머니는 만주에서 농사 경험도 있고 몸도 건강해서 내 밭일을 많이 도와주었으며 나는 그 대신 그 집 삼 남매의 옷가지 손질이며 이부자리 등 주로 바느질일을 도왔다."

국군이 창설되면서 당시 최고 계급인 대령에 임명된 직후의 오광선 장군(왼쪽), 하루 가마솥으로 12번 밥을 지어 독립군을 먹여 살렸던 정현숙 지사

이 이야기는 정정화 지사의 《장강일기》에 나오는 정현숙 지사에 대한 이야기다. 정현숙 지사는 그 어려움 속에서도 1935년 이후 중국 남경에서

대한민국임시정부 요인들의 뒷바라지와 함께 1941년 한국혁명여성동맹(韓國革命女性同盟)을 결성하여 맹활약을 하는 한편, 1944년에는 한국독립당(韓國獨立黨) 당원으로 조국의 독립을 위해 투쟁하다가 광복을 맞이하여 귀국하였다.

정현숙 지사 가문은 남편 오광선 장군은 물론이고 큰따님 오희영, 사위 신송식, 작은 따님 오희옥 지사 등이 모두 독립유공자로 포상을 받은 독립운동가 집안이다.

※ 정현숙 지사 1995년 애족장, 오광선 지사 1962년 독립장

3대 독립운동가 정현숙 지사의 고향
용인 죽능골을 찾아서

수원 조원동 13평 복지아파트에 사시는 오희옥 지사를 찾아 뵌 날은 2012년 6월 1일로 한낮 기온 28도까지 올라 무더운 날씨였다. 이날 답사는 수원일보 이화련 선임기자가 함께했다. 오희옥(吳姬玉, 1926. 5. 7 ~ 생존) 지사는 경기도 용인 출신 독립운동가 오광선(吳光鮮) 장군의 둘째 따님으로 87살의 나이가 믿기지 않을 정도로 정정한 모습이었다. 오 지사를 수원 조원동 복지아파트에서 차로 모시고 용인까지 왕복 5시간 넘는 거리를 오갔는데도 한치의 흐트러짐 없는 자세로 고향이자 친정집인 용인 죽증골 일대를 돌아보았다.

경기도 용인시 원삼면과 화산면 일대는 오희옥 지사의 외가와 친가가 있는 곳으로 할아버지 오인수 의병장과 아버지 오광선 장군 등 3대의 의병운동과 독립운동을 기리는 〈의병장 해주 오공인수 3대 독립항쟁 기적비〉가 세워져 있어 오씨 문중의 쟁쟁한 독립운동의 함성을 들을 수 있다. 죽능면 출신인 할아버지 오인수 의병장(1867 ~ 1935)은 18살부터 사냥을 시작해 용인·안성·여주 일대에서는 그의 솜씨를 따를 자가 없을 만큼 명포수로 이름을 날렸다. 1905년 일제가 을사조약을 강제 체결하자 의병활동에 뛰어들었다가 일진회 송종헌의 밀고로 8년형의 징역형을 받고 서대문형무소에서 복역한 뒤 1920년 겨울 만주 통화현 합리화 신흥무관학교에서 독립군을 양성하던 아들 오광선을 찾아 망명하여 독립운동을 지속했다.

아버지 오광선 장군은 이청천(李靑天) 장군과 함께 만주에서 서로군정서(西路軍政署) 제1대대 중대장으로 활약하는 한편, 신흥무관학교에서 교관으로 광복군을 양성하면서 대한독립군단(大韓獨立軍團)의 중대장으로 맹활약을 하였다. 또한, 어머니 정현숙(일명, 정정산, 1900~1992) 역시 중국에서 독립군의 뒷바라지와 비밀 연락 임무를 수행했으며, 1944년에는 한국독립당(韓國獨立黨) 당원으로 조국의 독립을 위해 투쟁한 분이다. 그런가 하면 언니 오희영(吳熙英, 1924~1969)과 형부 신송식은 민족혁명당원으로서 조선의용대(朝鮮義勇隊)와 한국광복군 총사령부 참모처 제1과에 소속되어 광복군 참령(參領)으로 복무한 지사다. '1905년 을사늑약' 이후 국권 회복의 일념을 품고 의병항쟁 활동을 한 할아버지 오인수 의병장을 비롯하여 아버지 오광선 장군, 어머니 정현숙은 물론 형부 신송식과 언니 오희영 그리고 한국광복진선청년공작대원으로 활약한 오희옥 지사까지 해주 오씨 집안의 3대에 걸친 광복운동은 대한민국 광복의 역사와 함께 길이 기억해야 할 집안임을 새삼 느꼈다.

오광선 생가터라는 작은 표지석(2012년 10월 6일)

답사를 하면서 안타까운 마음이 든 것은 독립운동의 산실이었던 생가의 운명이었다. 먼저 화산면 요산골에 있는 다 쓰러져가는 오희옥 지사의 친정어머니 정현숙 지사의 집을 찾았다. 다 무너져가는 집도 집이려니와 이 마저도 오희옥 지사의 안내가 없었으면 도저히 찾기 어려운 일이었다. 적어도 집 앞에 정현숙 지사의 집임을 알리는 안내판이라도 있었으면 하는 아쉬움이 있었다.

그뿐만 아니라 원산면 느리재 죽능골에 있던 할아버지 오인수 의병장의 생가는 헐려 버린 채 지금은 외지인의 전원주택 주차장으로 쓰고 있는 모습을 보니 그 처연함이 이루 말할 데 없었다. 별로 알려지지 않은 예술가들도 지자체의 돈으로 생가를 복원하여 화려한 팻말을 세워두는 판에 온몸을 던져 독립운동을 한 이들의 생가는 돌보는 이 없이 쓰러지기 직전이거나 헐려 나가 버리고 작은 팻말 하나 없는 현실은 독립운동가에 대한 우리의 현주소를 보는 듯하여 가슴이 아팠다.

역사가 신채호 선생은 "자신의 나라를 사랑하려면 역사를 읽으라"고 했건만 독립운동가의 역사를 말해주는 생가 터는 방치되고 외면된 채 외지인들에게 팔려나가 그들의 고기 굽는 정원이 되거나 주차장이 되어 있는 상황이니 의병장 할아버지와 부모님이 살던 마을을 둘러보는 노구의 지사 마음은 어떠하였을까?

할아버지와 아버지가 살던 집 헐려 안타까워
<현장 대담> 오희옥 지사

오희옥 지사

- 의병장 할아버지 고향에 와서 느낀 점은?

"아주 오랜만에 와보니 더욱 감개가 무량하다. 나와 언니 그리고 남동생은 모두 중국에서 태어났지만 할아버지와 아버지가 사시던 원삼면 죽능리와 어머니 생가가 있는 화산면 요산골에 오면 언제나 감회가 새롭다. 지금은 나이가 들어서 혼자 와보기도 어려운데 이렇게 와보니 마음의 고향을 찾은 것 같아 기쁘다. 다만, 할아버지와 아버지가 사시던 집이 그 흔적조차 없어져 안타까울 뿐이다."

- 아버지 오광선 장군에 대한 추억은?

"7살 정도로 기억하는데 그때 아버지는 신흥무관학교 교관이었고 나와 언니는 집 근처 학교에 다녔다. 하루는 학교에서 일본 책을 나눠 주었는데 아버지가 보시고는 '안 되겠다. 일본글을 배워서는 안 된다.'라고 하시며 책을 내다 버리라고 한 적이 있다. 그때 아버지는 학교에서 숙식을 하셨고 가끔 집에 들르셨는데 집안에도 들어오지 않으시고 밖에서 잠시 어머니만 뵙고 가신 기억이 난다. 이후로도 아버지는 가족과 떨어져 독립운동을 하시느라 어린 우리는 아버지가 돌아가신 줄만 알았다. 천진에서 아버지와 함께 지낸 2년을 제외하고는 아버지와 만나지 못한 채 해방 후에 뵐 수 있었다. 그때 아버지는 가족과 떨어져 독립운동을 하다가 신의주 감옥에 갇히는 등 온갖 고초를 당하셨다고 한다."

용인 죽능골에 세워진 해주오씨 독립운동 3대 기적비(紀蹟碑)

- 어머니 정현숙 지사는 어떤 분이셨나?

"어머니는 쌀 한 가마니를 번쩍들 정도로 체격이 우람하고 힘이 센 여장부였다. 가족들이 처음에 도착한 만주 길림성 액목현에서 어머니는 억척스럽게 황무지를 개간하여 논밭을 일구었고 농사도 잘 지었다. 여기서 나온 쌀로 커다란 가마솥에 하루 12번씩 밥을 해내어 독립군 뒷바라지를 해냈다. 당시 어머니의 밥을 안 먹은 독립군이 없을 정도로 어머니는 독립군 뒷바라지에 열과 성을 다했다. 그러나 백범 김구 선생이 아버지를 안중근과 윤봉길 의사처럼 특수임무를 맡겨 북경으로 부르는 바람에 그만 아버지와 식구들이 헤어지게 되었다. 이후 10여 년이 넘도록 아버지를 만나지 못했고 임시정부 피난길을 따라 이동하면서 신한촌이라 불리는 토교에 살 때는 생활고가 극에 달했다. 어머니는 삼 남매를 키우려고 남의 집 빨래와 허드렛일을 마다치 않았고 돼지를 키워 우리를 학교에 보낼 만큼 억척스럽게 일하셨다."

- 언니 오희영 지사와 함께한 독립운동 기억은?

"1939년 유주(柳州)에서 언니와 나는 한국진선청년공작대에 가입하여 활동하였다. 이 단체는 중국과 합작하여 일본놈이 저지른 참상을 연극으로 백성에게 알리는 일이었다. 또한, 거리 선전공작과 연설을 하였으며 극장에서는 무용이나 연극 등을 통해 민족의식을 고취시켰다. 언니는 명랑하고 쾌활한 성격이었는데 남자처럼 활달했으며 이후 광복군에 입대하였고 이후 1944년 한국독립당에 들어가 김학규 지사가 지대장인 제3지대에서 여성대원으로 훈련을 받았다."

- 연세가 높으신데 요즘 건강은?

"고혈압, 골다공증, 관절, 역류성위염 등으로 하루에 약을 8∼9개씩 먹고 지낸다. 하지만, 날마다 아파트 단지를 산책하면서 건강을 위해 노력하고 있다. 또한, 시간이 날 때마다 아파트 단지 안에 있는 서예교실에 나가서 이웃들과 붓글씨를 쓰면서 마음의 평온을 찾는다."

의병장 할아버지와 부모님의 고향을 둘러보러 나섰던 날의 오희옥 지사 모습은 비교적 건강 해보였다. 용인지역을 둘러보고 수원의 열세 평 복지 아파트에 다시 모셔다 드리고 나오는 길 담 모퉁이에 핀 붉은 장미가 환하게 미소 짓는 가운데 3층 베란다에서 오 지사는 주차장으로 향하는 기자를 향해 언제까지나 손을 흔들고 있었다.

(이 글은 2012년 6월 5일에 쓴 글이며 2020년 6월 28일 현재 오희옥 지사는 서울중앙보훈병원에 입원 중이시다.)

29. 임시정부의 한떨기 꽃
"조계림"

조계림(趙桂林, 1925.10.10. ~ 1965.7.14.) 지사는 경기도 개성시 만월동 420번지가 고향으로 1940년대 전반기 중국 중경의 대한민국임시정부 외무부 총무과원으로 일하면서 독립운동을 펼쳤다. 조계림 지사는 임시정부 외무부장이던 조소앙(1887 ~ 1959) 지사의 따님으로 아버지의 활동을 보좌하는 한편 1943년 4월 2일 열린 임시정부 국무회의에서 외무부 과원으로 선임되어 임시정부에서 활동하였다.

"부장 각하!
저는 1944년 6월 26일자 각하의 서한을 감사히 받았음을 알려드리는 영광을 먼저 전합니다. 동시에 각하의 요구를 받아들여 각하가 보내온 성명서와 각서 모두를 외무부를 통하여 저희 정부에 전달한 것을 기쁘게 생각합니다. 저는 부장 각하에게 이 기회에 체코슬로바키아 정부는 체코슬로바키아 국민과 더불어 가장 성실한 동정을 한국의 해방과 독립을 위해 각하가 쏟는 노력과 투쟁에 대하여 보내는 것을 확신하는 바입니다. 우리들의 적을 격멸할 날이 가까워 오는 것은 동시에 각하의 수난과 고귀한 국민들의 해방을 가져오는 것임은 의심할 나위도 없습니다. 그날이 곧 오기를 저는 빕니다. 부디 부장 각하께서는 저의 최상의 존경의 표시를 받아 주시기 바랍니다."

조계림 지사

이 편지를 읽고 있자니 대한민국임시정부가 걸어온 길이 얼마나 큰 수난의 가시밭길이었는지 체코슬로바키아 대사 편지에 절절히 느껴진다. 이러한 어려운 시기에 임시정부의 외무부 직원으로 대내외 일을 맡아서 헌신한 여성이 있다. 조계림(趙桂林, 1925.10.10. ~ 1965. 7.14.) 지사가 그 분이다.

1940년 5월 중경에서 한국국민당(韓國國民黨)·재건한국독립당(再建韓國獨立黨)·조선혁명당(朝鮮革命黨) 등 3당이 통합하여 결성된 한국독립당(韓國獨立黨)에 가입하여 여성 당원으로 독립운동의 맨 앞에서 활약하였다. 어머니 최형록(1895.2.20. ~ 1968.2.18.) 지사도 1996년 애족장을 추서 받았다.

※ 조계림 지사 1996년 애족장 추서

'대한민국 국호'는 아버님 조소앙 선생의 작품

"대한민국이라는 국호를 처음 사용한 것은 임시정부였다. 1919년 4월 10일 중국 상해 조계지 내 허름한 셋집에서 임시정부의 첫 의정원(국회)이 열렸다. 이날 표결을 통해 '대한민국'이 채택됐으며 이 이름을 붙인 사람은 임시의정원 의장을 지낸 조소앙 선생이다." 이는 이완범 한국학중앙연구원 교수의 이야기로 그는 《조소앙의 자전(自傳)과 회고(回顧)》를 인용하여 '나는 의정원의 창립자이고 10조헌장(임시헌장)의 기초자로, 대한민국의 명명론자로, 위원제의 주창자'였음을 소개했다. (연합뉴스 2012.8.1)

조소앙(趙素昂, 본명 용은·鏞殷, 1887. 4.10. ~ 1958. 9.) 지사는 아버지 조정규와 어머니 박필양 사이에서 7남매 중 2남으로 태어나 6살부터 정삼품 통정대부이던 할아버지 조성룡의 문하에서 수학하였다. 1902년 성균관에 최연소자로 입학하였으며, 공부하던 중 역신 이하영 등의 매국음모를 막기 위하여 신채호 등과 제휴하여 성토문을 만들어 성균관 학생들을 일으켜 항의 규탄하였다.

1904년 성균관을 수료하고 7월에 황실 유학생에 뽑혀 일본으로 건너가 도쿄부립제일중학교(東京府立第一中學校)에 입학하였다. 1905년 을사조약이 체결되자 도쿄 유학생들과 같이 우에노(上野)공원에서 7충신 추모대회와 매국 적신 및 일진회의 매국 행각 규탄대회를 열어 일제를 꾸짖었다.

조소앙 지사

그해 12월에는 도쿄부립제일중학교 가츠우라(勝浦炳雄) 교장이 일제의 한국침략의 필연성을 말하자 이를 곧바로 반박하여 퇴학처분을 받을 만큼 옳고 그름을 분명히 하였다.

조국이 일제에 강탈당하자 항일운동의 발판을 마련하고자 1913년 북경을 거쳐 상해로 망명한 뒤 신규식·박은식·홍명희 등과 동제사(同濟社)를 개편하여 박달학원(博達學院)을 세워 청년 혁명가들을 길렀으며 이는 중국에서의 항일독립운동을 위한 발판이 되었다. 1919년 3·1만세운동 직후에 조소앙 지사는 국내에서 조직된 조선민국임시정부의 교통무경에 추대되었으며 같은 해 4월 상해에서 임시정부를 수립할 때 앞장서서 참여하였다. 임시정부 출범의 법적 뒷받침이 된 '임시헌장'과 '임시의정원법'의 기초위원으로 실무 작업을 담당하여 민주공화제 임정수립의 산파역 중의 한 사람으로서 임무를 다하였다.

1945년 8·15 광복을 맞아 12월, 조소앙 지사는 임시정부 대변인으로 한국독립당 부위원장으로 환국하였는데, 환국 당시에는 대한민국 건국강령에 따라 건국운동을 계획하였다. 임시정부요인들은 이러한 스스로의 정치적 포부를 실현하기 위해 전력을 다하였으나 뜻하지 않게 국토는 남북으로 갈리게 되었고 남한만의 단독선거에 의한 정부가 들어서자 대한민국을 임시정부의 정통성을 계승한 정부로 인정하고 '사회당'을 결성하고 위원장에 뽑혔다.

이 사회당의 기본노선은 결당대회 선언서에서 밝힌 바와 같이 "대한민국의 자주독립과 남북통일을 완성하고 정치·경제·교육상 완전 평등한 균등사회 건설에 앞장선다."하는 것으로 먼저 대한민국 체제 내에서 삼균주의 이념(정치·경제·교육상 완전 평등한 균등)을 실천하려는데 있었다. 그러나 6·25 한국전쟁으로 서울에서 강제납북 되어 자신의 뜻을 펼치지 못한 채 북한에서 임종을 맞이하였는데 1958년 9월 조소앙 지사는 임종에 즈음하여 "삼균주의 노선의 계승자도 보지 못하고 갈 것 같아 못내 아쉽다. 독립과 통일의 제단에 나를 바쳤다고 후세에 전해다오"라는 말을 남겼다고 한다.

조소앙 지사는 우리 겨레의 역사와 문화에 관련된 저술 활동에도 심혈을 기울였는데 민족문화의 독창성과 우수함을 강조하여 독립정신을 드높이고자 《발해경(渤海經, 1922)》, 《화랑열전(花郞列傳, 1933)》, 《대성원효전(大聖元曉傳, 1933)》, 《이순신귀선지연구(李舜臣龜船之硏究, 1934)》 등이 있다.

※ 조소앙 지사 1989년 건국훈장 대한민국장 추서

30. 애국혼으로 잠자는 여성 일깨운 "조용제"

"꿈에 그리던 어머니, 애국지사 조용제, 묘역 곁에서 평안히 잠드소서"

이는 2017년 4월 18일 타계한 조용제(1898.9.14. ~ 1948.3.10.) 지사의 둘째 아드님인 김진섭 육군 준장의 무덤에 새겨진 글이다.

"아버님은 할머니 조용제 지사와 6살에 헤어진 뒤 17살 청년이 되어서야 다시 재회의 기쁨을 누렸습니다. 그동안 조용제 할머니는 중국에서 독립운동을 하신거지요. 얼마나 어머니 품이 그리웠으면 아버님은 돌아가시면서 어머님 곁에 묻기를 희망하셨겠어요. 그뿐만 아니라 평창동 집에는 항상 조용제 할머니 초상화를 걸어두시고 그리운 마음을 달래셨지요."

조용제 지사의 손녀인 김상용 교수(국민대 행정대학원 사회복지전공 주임교수)는 조용제 할머니와 아버지의 어린시절을 이야기 할라치면 가슴이 미어진다고 했다. 할머니의 삶을 평생 자신의 삶의 중심에 두고 존경하는 까닭은 어려운 시절에 독립운동에 앞장섰을 뿐 아니라 두 아드님을 어떻게 그렇게 훌륭히 키워내셨을까 하는 마음이 들기 때문이라고 했다.

조용제 지사

조용제 지사 집안은 대한민국 독립운동사에 커다란 발자취를 남긴 가문으로 무려 14명의 독립운동가를 배출했다. 조용제 지사는 '대한민국' 이라는 국호를 처음으로 만든 독립운동가 조소앙(1887~1958) 선생의 누이동생이다.

경기도 양주 출신으로 아버지 조정규, 어머니 박필양의 6남 1녀 가운데 외동딸로 태어난 조용제 지사의 아버지 조정규 선생은 정3품 통정대부(通政大夫) 조성룡의 외아들로 학덕을 겸비한 함안 조씨 가문의 선비였다.

조용제 지사의 오라버니 조소앙은 일본유학을 마치고 1919년 중국으로 망명하여, 임시정부 수립에 참가하는 등 활발한 독립운동을 하고 있었다. 그러한 오라버니의 영향으로 중국으로 건너간 조용제 지사는 한국독립당에 입당하여 오라버니 조소앙 선생과 함께 독립운동에 힘썼다.

한국독립당은 1930년 1월 25일 중국 상해에서 조직된 민족주의 계열의 대표적인 독립운동 정당으로 결성 이후 1935년 9월, 재건과 통합(1940. 5)의 변천과정을 거치면서 탄탄한 조직으로 변모되어 갔다. 조용제 지사는 1941년 중경의 한국독립당 강북구당(江北區黨) 간부로 선임되어 독립정신을 드높이는 일과 군자금 모집에 앞장섰다.

한편, 조용제 지사는 1940년 한국국민당, 한국독립당, 조선혁명당이 한국독립당으로 통합하여 출범하면서 그 산하단체로 여성단체인 한국혁명여성동맹의 창립 요원으로 참여하여 한글을 잘 모르는 독립운동가 자녀들에게 우리말을 가르치고, 독립정신을 드높이는 활동을 했다.

1943년 2월 중국 중경에서 한국애국부인회(韓國愛國婦人會)의 재건 움직임이 일면서 조용제 지사는 재건요원으로 뽑혀 전체 부녀자들의 각성과 단결을 촉구하며 여성의 독립운동을 지도했다. 한국애국부인회는 우리나라 국내외 1천 5백만 애국여성의 단결의 상징이며, 일본타도와 대한독립, 민족해방을 위한 기치를 내걸고 활동했다는데 그 의의가 있다.

특히 한국애국부인회는 국내 각층의 여성, 우방 각국의 여성조직, 재미여성단체와의 긴밀한 상호관계를 통한 여성의 연대를 표방한 것이 특징이다. 조용제 지사를 비롯한 애국부인회 여성들은 "국내외 부녀를 총단결하여 전민족 해방운동 및 남자와 일률 평등한 권리와 지위를 향유하는 민주주의 신공화국 건설에 적극 참가하여 공동 분투하기로 한다"는 내용의 7개조에 이르는 강령을 만들어 활발한 사회활동과 독립운동을 전개하면서 대한민국임시정부를 적극 도왔다.

한국의 대표적인 독립운동가 집안 출신인 조용제 지사는 네 명의 오라버니 곧 용하(鏞夏, 1977 독립장), 소앙(1989 대한민국장), 용주(鏞周, 1991 애국장), 용한(鏞漢, 1990 애국장) 선생이 독립유공자 서훈을 받았다.

또한 둘째 오라버니인 조소앙 선생의 부인인 오영선(吳永善, 2016 애족장), 둘째 부인 최형록(崔亨祿, 1996 애족장), 조소앙 선생의 동생인 시원(1963 독립장)과 올케인 이순승(1990 애족장), 그리고 조소앙 선생의 자녀인 시제(時濟, 1990 애국장), 인제(仁濟, 1963 독립장), 계림(桂林, 1996 애족장)과 조시원 선생의 자제인 순옥(順玉, 1990 애국장), 사위 안춘생(安椿生, 1963 독립장)등을 포함하여 다수의 독립유공자를 배출한 독립운동사에 빛나는 집안 출신이다.

조용제 지사는 두 아드님을 두었는데 큰 아드님 김진헌(1924.12.18. ~ 1950년 납북) 교수와 김진섭 장군(1930.1.25. ~ 2017.4.18.)이다. 김진헌 교수도 독립운동을 한 분으로 현재(2017년) 독립유공자 서훈을 신청 중에 있다고 했다.

※ 조용제 지사 1990년 애족장 추서

31. 육아일기 쓰며 독립의 햇불든 "최선화"

"아침 열 시쯤 되어 공습경보가 울렸다. 유주의 하북은 유주시(柳州市)였고 하남은 새로 개척하고 있는 지대라 가옥과 상점이 별로 많지 않았다. 유주시를 북으로 하고 흘러가고 있는 강의 남쪽엔 병풍 모양으로 길게 산이 연결되어 있는데 천연동굴이 99개나 뚫려 있다고 한다. 이곳이 임시 방공호로 이용되고 있는 굴이다. 하지만 이 천연 동굴의 단점은 입구에 작탄을 맞으면 그대로 무덤이 된다는 것이다. 그러나 일단 공습이 울리고 나면 피난민들에겐 다른 선택이 없었다. (가운데 줄임) 동굴에 들어가자마자 일본 비행기가 작탄을 수없이 떨어뜨리는 모양이었다. 석굴이 심히 흔들리며 당장 무너지는 듯하고 동굴 안의 상태는 천둥번개 치듯 불빛이 번쩍이며 천장이 내려앉는 듯 작은 돌 부스러기가 자꾸 떨어져 나는 허리를 구부려 제시의 몸을 방어하며 폭탄 투하가 멈춰지기만을 기다릴 뿐이다.

몇십 분이 지나자 폭파하는 소리가 끊어지더니 십여 분 후 해제되었다. 겁에 질린 일행이 머뭇거리며 굴 밖으로 나와 보니 처참한 광경이었다. 우리가 들어있었던 집 앞뒤, 오른쪽, 왼쪽이 불바다를 이루었고 동굴문 밖의 넓은 밭에는 작탄이 떨어져 패인 웅덩이가 헤아릴 수 없이 많았고 참혹하게 된 시신도 많이 눈에 띄었다."

-1938년 12월 5일 중국 유주에서 《제시의 일기》-

최선화(崔善嬅, 1911.6.20. ~ 2003.4.19.) 지사는 당시 중국 유주 생활을 그렇게 적었다. 그가 《제시의 일기》를 쓴 시기는 중일전쟁이 한창이던 1938년 7월부터 1946년 4월까지로 이 무렵은 나라 잃고 세운 상해임시정부마저 유주, 광주, 기강, 중경 등 떠돌이 생활을 하던 때다.

인천 학익동 375번지가 고향인 최선화 지사는 1931년 이화여전을 졸업하고 모교에서 교편을 잡다가 1936년 상해로 건너갔다. 이곳에서 간호대학을 다니다 중퇴하고 흥사단에 가입하였으며 임시정부 재무차장이던 양우조 지사를 만나 함께 독립운동의 길을 걸었다.

최선화 양우조 부부독립운동가(1937.3.22.)

1940년에 한국독립당이 창립되자 이에 가담하여 임시정부를 적극 도왔으며 같은 해 6월 임시정부가 광서성 유주에서 사천성 기강으로 이전한 뒤에는 동포 부인들과 함께 한국혁명여성동맹(韓國革命女性同盟)을 설립하여 위원으로 활동하였다.

1943년 2월에는 다시 임시정부를 쫓아 중경으로 옮겨 가, 기미년 3·1만세운동 직후에 조직되었던 애국부인회의 재건을 위해 뛰었으며 조국과 민족의 자주독립을 지향하는 한국애국부인회의 재건선언문을 발표하기도 하였다. 여기서 최선화 지사는 서무부장에 뽑혔으며 회장에는 김순애 지사가 추대되었다.

애국부인회는 임시정부를 도와 각 방면에서 눈부신 활동을 벌였는데, 방송을 통하여 국내외 여성들에게 각성과 분발을 촉구하기도 하였으며, 위문품을 거두어 항일전선에서 활동하는 광복군을 위문하는 한편 여성과 청소년들의 계몽과 교육에 온 힘을 쏟았다.

한편, 최선화 지사는 《제시의 일기》라는 육아일기를 중국에서 썼는데 이 일기는 당시 임시정부 가족들의 생활상과 독립운동가들의 인간적 모습을 기록하고 있는 귀중한 사료로 평가받고 있다.

육아일기 《제시의 일기》를 통해 본
독립운동

"사고파는 물건이 오밀조밀 많은 시내여서 그런지 제시는 상점에
있는 물건이든 길가에 놓여 있는 것이든 가지고 싶은 것은 사달라고
요구하기 시작한다. 이제 이 아이가 세상에 가지고 싶어 하는 것은
얼마나 많아질까? 생후 세 돌이 안 된 아이에게 자신의 것으로 만들
려고 하는 욕심이 생겨난다. 내 것이란 이름으로 가지고 싶은 마음,
사물이나 사람이나 자신의 것으로 만들지 않고 함께 보고 나눌 수는
없는 것이다. 세상의 갈등과 괴로움을 단지 소유욕으로 단정 지을
만큼 간단한 일은 아니겠지만 오늘 우리가 갖는 많은 절망과 어둠이
욕심에서 비롯된 게 아닌가 다시 생각해 보게 된다."

최선화 지사는 1941년 1월 4일 사천성 중경에서의 생활을 이렇게 적고
있다. 《제시의 일기》에서 최선화 지사가 하고 싶었던 말은 무엇일까? 단
국대 한시준 교수의 추천사를 옮겨본다.

"이 책은 임시정부에서 활동한 독립운동가 부부가 쓴 일기다. 양우
조와 최선화가 그들이다. 이들은 1938년 7월부터 1946년 4월까지
일기를 썼다. 이 시기는 중일전쟁의 전란 속에서 임시정부가 중국
대륙 각지로 이동해 다니며 고난의 행군을 했던 그리고 중경에 정착
하여 활동하다가 해방을 맞아 귀국하는 시기다. (가운데 줄임) 최선화

는 이화여전 영문과 출신의 신여성이었다. 당시로는 대단한 용기로 결혼을 약속한 양우조를 찾아 홀로 중국땅으로 건너간 뒤 평소 주례를 잘 서지 않는 것으로 유명한 김구 선생의 주례로 결혼식을 올리고 부부가 되었다. 이들은 임시정부의 가족이었고 이들 부부의 삶은 임시정부와 함께 엮어 졌다(가운데 줄임). 이 책은 역사적으로도 중요한 의미가 있다. 이 일기가 쓰였던 중일전쟁 하의 임시정부에 관해서는 오늘날에 남겨진 자료가 극히 드문데 이 기록들은 임시정부가 일본공군기의 공습을 받으며 장사, 광주, 유주, 기강을 거쳐 중경으로 이동한 과정과 실상을 알려주는 유일한 일기다."

이 책을 통해 나라 잃고 남의 땅에서 독립의 날을 학수고대하며 아이를 낳아 기르면서 독립운동에 헌신했던 사람, 특히 아내로서, 어머니로서 독립의 최일선에서 뛰었던 독립운동가 최선화 지사를 새롭게 인식할 수 있었다.

※ 최선화 지사 1991년 애국장, 양우조 지사 1963년 독립장

32. 한국혁명여성동맹에서 활약한
"오영선"

"구국의 책임이 어찌 남자들만의 몫이겠습니까?
우리 3천만 한국민족 가운데 절반 이상이 여성 아닙니까? 남녀의
역량을 합하여 각기 맡은바 직분과 책임을 다할 때 비로소 아름다운
세계, 진선진미의 한국을 건설할 수 있는 것입니다.

이는 한국혁명여성동맹 집행위원장인 방순희 선생의 창립 선언서 중 일
부다. 오영선(1887 ~ 1961) 지사는 방순희 선생 등과 함께 1940년 중국
중경에서 한국혁명여성동맹(韓國革命女性同盟) 창립에 참여하고, 1944년부
터 1945년까지 한국독립당(韓國獨立黨) 당원으로 활동하였다.

한국혁명여성동맹은 1940년 6월 16일 중
국 중경에서 결성되었으며 한국독립당 산
하로 대한민국임시정부의 독립운동 지원
과 교육 활동에 주력했던 여성독립운동가
단체였다. 임시정부 요인들의 활동을 지원
하는 한편 가족들의 생계 및 교육을 담당
했으며 나아가 직접 여러 단체에 가입하여
독립운동을 지원하였다.

오영선 지사

한국혁명여성동맹에서 활약한 여성은 오영선 지사를 포함하여 25명으로 이헌경, 정정화, 이국영, 김효숙, 방순희, 김정숙, 김병인, 유미영, 조용제, 송정헌, 정정산, 오건해, 김수현, 노영재, 윤용자, 이숙진, 최선화, 오광심, 연미당, 최형록, 이순승 지사 등이다.

한국독립당은 1930년 1월 25일 중국 상해에서 민족주의 계열 인사들이 창립한 독립운동 단체였다. 설립 당시 이동녕 선생이 이사장을 맡았고 오영선 지사의 남편인 조소앙 선생과 김구 선생이 당무 이사를 맡았다. 특히 조소앙 선생은 한국독립당의 강령이었던 삼균주의(三均主義)를 기초한 인물이다.

오영선 지사는 대한민국임시정부 외무부장(外務部長)이었던 조소앙 선생의 부인이자 동지로 임시정부 내 여성동맹의 주요 구성원이었다. 아울러 한국독립당의 당원으로 활동하면서 임시정부 활동에 대한 지원은 물론 부녀자들의 각성과 단결을 촉구하며 여성독립운동을 이끌었다.

※ 오영선 지사 2016년 애족장, 조소앙 선생 1989년 대한민국장 추서

제5장

미주방면에서
횃불을 높이든
여성독립운동가

33. 워싱턴 하늘에 횃불 높이든
"신마실라"

신마실라(1892.2.18. ~ 1965.4.1.) 지사는 경기도 가평군 읍내리 654번지 출신으로 이화여전을 1회로 졸업한 우리나라 최초의 여학사 출신 독립운동가다. 1914년 4월 1일 신마실라 지사가 22살 되던 해에 이화여전에서는 한국최초의 여자대학 졸업식이 열렸다. 이날 졸업식은 이화여전뿐만이 아니라 모든 한국여성의 역사를 새로 쓰는 위대한 출발의 날이었다. 한국 최초로 대학 졸업장을 받아든 여성은 신마실라(신마숙), 김앨리스(김애식), 이화숙 이렇게 세 명이었다. 이 세 여성의 졸업이 뜻 깊은 것은 이들이 입학할 무렵인 1910년대만 하더라도 여성 교육의 무용론이 대세를 이룰 시기였기 때문이다.

이화여전 제1호 졸업생(1914), 신마실라 · 이화숙 · 김애식(왼쪽부터)

신마실라 지사는 이화여전 재학 중 애국여성동지회를 결성하여 비밀 독립운동에 앞장섰던 인물이다. 1919년 파리강화회의에 한국의 사정을 호소하고자 대표로 선발되었으나 여비가 없어 무산되자 독립자금을 모으기 위해 1919년 미국으로 건너갔다. 신마실라 지사가 미국에 건너간 시기는 정확히 알 수 없으나 1919년 5월 무렵 워싱턴에서 감리교 선교백년대회에 참석하여 3·1만세운동 당시의 참상을 연설한 것으로 보면 5월 이전에 건너간 것으로 추정된다. 1919년 6월 14일에는 워싱턴 뉴메소닉템플에서 열린 '자유공동대회'에서 풍금연주를 했다는 〈신한민보〉 기록도 있다.

미국으로 건너간 신마실라 지사는 이승만 당시 국무령을 만나 "구제회를 만들어 독립자금에 쓰일 의연금을 모으라"는 지시를 받아 워싱턴 및 펜실베이니아에 거주하면서 1925년 구미 외교위원회가 폐쇄될 때까지 김규식·박영섭·서재필 선생과 함께 내·외국인을 가리지 않고 연설 모금운동을 지속적으로 벌였다. 그러는 가운데서도 신마실라 지사는 1920년대 초 펜실베니아 대학에 입학하여 교육학 학사를 취득하는 열정을 보였다.

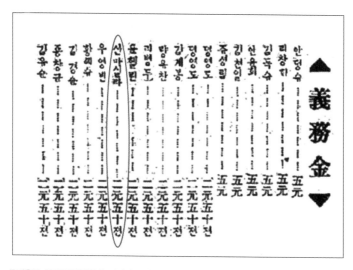

독립운동 의무금(의연금)에 신마실라 지사 이름이 보인다.(신한민보 1919.7.26.)

신마실라 지사는 고국에서 이화여전을 나온 엘리트였던 만큼 상당한 영어실력을 갖추고 있었으며 1919년부터 1921년까지 미국 워싱턴에서 한인구제회 서기로 활동하면서 한국독립을 촉구하는 순회강연을 도맡아 하면서 독립자금을 모금하였다. 특히 1921년 5월 펜실베니아주 감리교 외국선교사회 통상회의에서 고국의 참상에 대해 연설하였고 1923년 뉴욕지방회에서 열린 3·1절 기념식에서는 서재필과 함께 연설하는 등 '일제의 만행을 낱낱이 동포들에게 알리는 일'에도 앞장섰다. 또한 1931년 필라델피아에서 열린 3·1절 기념식에서는 한인친목회를 만들어 조직적인 독립운동을 할 것을 제의하였으며 1956년에 완공된 이화여대 본교 대강당을 지을 때도 많은 돈을 기부하는 등 국내외에서 조국독립과 여성교육에 대한 깊은 애정을 간직한 독립운동가였다.

※ 신마실라 지사 2015년 대통령표창 추서

파리강회회의란?

제1차 세계 대전이 끝난 2달 뒤인 1919년 1월부터 전쟁의 뒤처리를 위한 회의가 프랑스 파리에서 열렸다. 여기에는 연합국 측의 27개 나라 대표가 모였는데 미국의 윌슨 대통령, 영국의 로이드조지 수상, 프랑스의 클레망소 수상 등이 중심인물이었다.

파리강화회의에 파견된 임시정부 대표단과 한국 공보국 직원들. 앞줄 맨 오른쪽이 김규식 선생

미국의 월슨 대통령은 대전 중인 1918년 1월 전후에 세계 평화 수립의 원칙으로 14개 조항을 발표한 바 있는데, 파리강화회의에서도 이 원칙을 내세웠다. 특히 월슨이 내세운 민족자결주의는 강화회의와 그 후의 국제 사회에 많은 영향을 주었다.

파리강화회의는 민족자결주의를 원칙으로 삼아 세계대전으로 인한 피해를 수습했지만 불공평한 면이 있었다. 민족자결주의의 원칙이 세계 대전에서 패배한 나라들에게만 적용되었기 때문이다. 승리한 연합국도 식민지를 가지고 있었지만 그들은 주권을 돌려주지 않았다. 당시 대한민국임시정부도 이 회의에 김규식을 대표로 보냈지만 독립을 얻지 못했다. 이때는 일본이 승리한 연합국 쪽이었기 때문이다.

34. 미국 동포 가슴에 독립의 불을 지핀 "박영숙"

박영숙(朴英淑 1891.7.20. ~ 1965.) 지사는 경기도 강화 출신으로 하와이로 건너가 호놀룰루 한인기숙학교를 다녔다. 1913년 7월 22일 유학을 목적으로 약혼자 한시대(韓始大 1889.9.18. ~ 1981.5.) 지사와 함께 미국 샌프란시스코에 도착하여 그해 8월, 중학교에 입학하였다. 1914년 9월 23살 되던 해 한시대와 혼인하고 미국식으로 남편 성을 따라 한영숙으로 불렀다.(포상은 박영숙 이름으로 이뤄짐).

남편의 고향은 황해도 해주로 그곳에서 15살 때 어머니 한성선(박영숙 지사의 시어머니) 지사와 하와이 노동 이민 길에 올랐다. 그의 어머니 39살 때의 일이다. 초기 하와이 노동이민자들의 삶이 대부분 그러하듯이 사탕수수밭에서 열악한 노동 상황은 이민자들을 상당수 미국 본토로 떠나게 만들었다. 한시대 지사도 어머니와 함께 하와이 이민 10년 만인 1913년, 샌프란시스코로 떠났다. 처음에는 멘티카 지역에서 사탕무를 재배했고, 다시 딜라노로 이주해서 포도농사를 지었다. 말도 통하지 않는 낯선 땅이었지만 부지런함 하나로 이를 악물고 가족들은 있는 힘을 다해 사업을 확장해갔다. 성실과 신의로 경영한 과일도매상, 정원 묘목 재배 등 다양한 사업은 순탄대로 성공적이었다. 그러한 과정에서 한성선 지사는 사업 성공으로 번 돈을 독립자금에 쾌척하게 된다.

박영숙 지사 가족. 둘째 줄 왼쪽부터 세 번째가 박영숙 지사이고 그 옆이 시어머니 한성선, 남편 한시대 지사다. 박영숙, 한시대 부부독립운동가는 5남 2녀를 두었다.(1948)

억척스럽게 조국의 독립운동을 위해 독립자금을 쾌척하는 시어머니를 본받아 박영숙 지사도 조국 독립을 위한 것이라면 무엇이든지 적극적으로 뛰어들었다. 1919년 3월 다뉴바에서 강원신·한성실·김혜원 등 부인들과 함께 신한부인회(新韓婦人會)를 조직하여 서기로 뽑혔다. 같은 해 5월에는 다뉴바에서 신한부인회와 새크라멘토의 한인부인회가 통합하였으며 이를 계기로 그해 8월 부인회가 모여 통일기관인 대한여자애국단을 설립하였다. 10월 대한여자애국단 총부(總部)를 조직하자, 총부 위원으로 뽑혀 1924년까지 활동하였다. 남편과 함께 대한인국민회 다뉴바지방회 회원으로도 활동하였다.

1921년 구미위원부(歐美委員部) 부원, 다뉴바 국민대표회 기성회 회원, 1922년 3월 애국단 다뉴바 총부 재무로 선임되어 활동하였다. 1930년 9월 대한인국민회 딜라노지방회가 조직되자, 1939년까지 남편과 함께 회원으로 활동하면서 대한인국민회 창립기념식, 3·1기념식, 고 안창호 선생 추도식 등에서 노래와 사회 등으로 봉사하였다. 1937년 10월 흥사단(興士團) 단우로 입단하여 제296기 단우가 되었다.

한편, 1940년 4월, 대한인국민회 기관지 〈신한민보(新韓民報)〉의 식자기계 의연 모집위원회 수전위원으로 선정되었다. 1940년 11월 한국광복군이 창설되자, 딜라노지방 대한여자애국단 단원들과 함께 500달러를 대한민국임시정부로 송금하였다. 이를 계기로 딜라노에 정식으로 대한여자애국단 지부를 조직하고 재무로 뽑혀 1942년까지 활동하였다.

1944년에는 대한여자애국단 딜라노 지부 단장이 되어 10월 주미외교위원부 개조를 위한 전체 대표회, 1945년 1월 재미한족연합위원회 전체대표회에 대한여자애국단 대표로 참석하였다. 1919년부터 1945년까지 여러 차례 독립운동 자금을 지원하였다.

※ 박영숙 지사 2017년 건국포장 추서

미주 독립운동사에 빛나는 남편
한시대(韓始大) 지사

"법률 없는 우리는 양심으로 법률을 삼고, 재산 없는 우리는 노력으로 재산을 만들고, 또 나라 없는 우리는 독립운동으로 나라를 찾아야 우리 자신이 살 수 있는 것이올시다."

이는 한시대(韓始大, 1889. 9. 18. ~ 1981. 5.) 지사의 말로 그의 독립의지를 잘 엿볼 수 있는 말이다. 한시대 지사는 미국 대한인국민회와 재미한족연합위원회 그리고 흥사단의 중심인물이었다. 황해도 해주 출신으로 하와이 노동이민 끝에 본토인 샌프란시스코로 이주하면서부터 그의 인생은 날개를 달았다.

1916년 한시대 지사는 멘티카에서 아버지를 도와 대한인국민회 멘티카지방회를 설립하면서 처음으로 독립운동에 뛰어들었다. 27살 때 일이다. 조국의 3·1만세운동 소식이 미주 한인사회에 전해져 대한인국민회 주관으로 독립의연금 모금활동이 본격적으로 펼쳐질 때 한시대 지사 가족은 모두가 적극 동참하였다. 한시대 지사는 구미위원부를 지원하기 위해 독립공채를 구입하고 외교비 지원 활동을 펼치는 한편, 1924년 무렵 다뉴바 한인국어학교의 교장이 되어 한인 2세의 민족교육에도 앞장섰다.

1930년 딜레노지방회를 설립하고 회장에 취임하였으며, 1936년 재미한인사회의 발전을 위해 실행위원이 되어 대한인국민회를 재건하고 부흥시키는데 앞장섰다. 1937년 새로 재건된 대한인국민회의 중앙집행위원으로 대한민국임시정부를 중심으로 한 독립운동을 펼쳤다. 그는 LA에 총회관 신축을 추진할 때 건축준비위원으로 참여하여 가장 많은 의연금을 납부하는 등 총회관 건축을 위해 온 힘을 쏟았다. 또한 1940년 대한인국민회 중앙집행위원회 위원장에 뽑혀 대한민국임시정부의 한국광복군 창설을 적극 후원하였으며, 하와이 대한인국민회와 동지회를 결집하기 위해 호놀룰루에서 해외한족대회를 열었다. 이 대회는 대한민국임시정부를 중심으로 결집하여 통일된 독립운동을 하자는 취지로 미주 9개 단체 대표가 모인 대규모 한인대회였다. 여기서 한시대 지사는 대회 부의장에 뽑혀 해외한족대회 결의안을 끌어냈다.

박영숙, 한시대 부부독립운동가

대한인국민회 중앙집행위원장 일은 3년 연속 맡았으며, 1944년부터 1945년까지는 재미한족연합위원회 집행부위원장에 뽑혔다. 이처럼 한국의 독립문제가 국제 열강으로부터 주목을 받고있던 엄중한 시기에 대한 인국민회 중앙집행위원장과 재미한족연합위원회 집행부위원장을 역임하면서 재미 한인사회의 통합과 독립운동을 이끌어 갔다. 한시대 지사는 1945년 6월 미주 한인사회의 공식입장을 정리한 비망록을 작성해 연합국 외교관들과 언론사에 발송하였다.

비망록에는 카이로선언을 신뢰하며 한국 국민은 연합국의 일원으로 태평양전쟁에서 최후의 승리를 촉진시키는데 앞장설 것을 밝혔다. 또한, 해외 한족대표단의 명의로 미국 언론 기자들과 각국 주요 통신기자를 초청해 만찬회를 열고 한국독립을 위한 동정과 지지를 얻어냈다.

광복 이후, 재미한족연합위원회대표단을 결성하여 대표단 단장으로 국내에 입국하여 국가건설을 위한 방안을 모색하고자 하였다. 고국에서의 활동을 마친 뒤 미국으로 돌아가 농장 경영과 흥사단 활동에 전념하였다. 아버지의 영향을 받아 일찍부터 강렬한 민족의식을 갖고 있던 한시대 지사는 농업인으로 성공한 사업가였을 뿐 아니라 한인사회를 통합해 독립운동을 이끈 민족지도자였다.

※ 한시대 지사 1995년 독립장 추서

35. 멕시코에서 독립의 불씨를 살린
"김대순"

김대순(金大順, 1907 ~ 모름) 지사는 경기도 출신으로 멕시코로 이민을 떠나 이민 한인 2세로 1914년 대한인국민회(大韓人國民會) 산하 멕시코 와하케뇨 지방회에서 설립한 일신학교(日新學校)에 다녔다. 1930년 3월 멕시코 메리다지방회(美利多地方會)에서 광주학생운동을 후원하기 위해 개최한 3·1절 기념식에 참여하여 남녀 학생들과 함께 연설하였다.

국외 여성항일운동에서 괄목할 만한 것은 하와이의 부인구제회와 미주 서부지역, 멕시코 등에서 활동한 대한여자애국단을 들 수 있다. 1919년 3월 15일 하와이 각지방 부녀대표 41명이 호놀룰루(Honolulu)에서 조국 독립운동 후원을 결의하고, 29일 2차대회에서 대한부인구제회를 결성, 회장으로 황마리아를 뽑았다. 이들은 임시정부의 외교선전사업에 동참하여 조국의 독립을 국외에 선전하고, 3·1만세운동 사상지사(死傷志士)와 그 가족에 대한 구제사업을 위해 군자금을 모아 임시정부에 송금하는 등의 광복운동 후원사업을 꾸준히 실시했다.

이들은 고국의 3·1만세운동 소식을 접한 후 캘리포니아 각지에 있던 부인회를 1919년 8월 2일 다뉴바에 소집하여 합동 발기대회를 열고 대한인국민회중앙총회로부터 인준을 받아 정식 활동에 들어갔다. 이 단체는 본부를 처음에는 샌프란시스코에 나중에는 로스앤젤레스에 두고 다뉴바·

사크라멘토·샌프란시스코·로스앤젤레스·윌로우스·오클랜드를 비롯하여 멕시코의 메리다와 쿠바의 마탄자스·하바나·갈데나스 등지에 까지 지회를 둔 대규모의 조국광복 후원단체였다.

회원들은 군자금을 정기적으로 모금하여 임시정부 등 독립운동 단체에 보냈으며, 항일중국군과 광복군 창설시에도 지원금을 보냈다. 또한 태평양전쟁시에는 미국 적십자사업을 도왔고 미국정부 발행의 전시공채 매입·발매사업 등의 눈부신 후방 공작사업을 하였다. 한편 동포사회의 질적 향상을 위한 사업들도 꾸준히 펼쳤다. 대한여자애국단의 활동은 평등적이고 민주적인 정신을 기조로 하였고, 그들의 활동은 중국·미국 등의 우방국으로부터 적지 않은 인정을 받았다.

김대순 지사는 1938년 8월 국치기념일을 맞이하여 메리다 거주 한인 부인들과 함께 대한여자애국단 메리다지부를 조직하고 단장에 뽑혔다. 1939년에도 대한여자애국단 단장으로 활동하며 8월 〈신한민보(新韓民報)〉에 「공포서」를 게재하고 멕시코 한인 여성들의 민족의식을 드높이는 연설하였다.

1940년 1월 애국단 메리다지부 통상회에서 서기로 뽑힌 뒤 1941년에도 서기로 활동하였다. 1943년 3월 메리다지방회 주최로 독립선언 제25주년 기념식이 열리자, 김정식 등과 함께 연설하였다. 1944년 5월, 애국단 메리다 유카탄지부 단장에서 물러났으나 해방이 될 때까지 단원으로 활동하였다.

고국과 멀리 떨어져서 힘든 생활고를 이겨내면서 조국의 독립이 하루 속히 실현되도록 군자금을 모아 상해임시정부에 송금하는 등 뜨거운 동포애로 독립운동에 참여했지만, 고국은 이들의 활동에 큰 주목을 하지 않았

다. 멕시코로 건너가 활동한 여성독립운동가 포상자만 보아도 알 수 있
다. 2020년 현재 김대순 지사 1명뿐이잖는가? 정부는 서둘러 멕시코에
서 활약한 독립유공자를 발굴하여 적절한 포상을 해야할 것이다.

※ 김대순 지사 2018년 건국포장 추서

〈1〉 미본토에서 포상받은 여성독립운동가

	이름	공적	서훈
1	강원신	1919. 3. 2. 미국 캘리포니아주 다뉴바지방에서 한성선, 강혜원, 한시애, 김경애 등과 함께 신한부인회를 조직하여 회장으로 부녀자들의 조국애 고취, 대한국민회 후원 등의 활동을 하였다. 5월 18일 새크라멘트 한인부인회와 신한부인회의 연합 발기로 부인회의 합동에 힘을 모았으며 8월 2일 대한여자애국단을 결성하는데 참여하고 1920년 말 당시 동단의 재무를, 1920년대 초에는 제 3대 총단장을 맡아 임시정부에 후원금을 보내고 국내에 각종 구호금을 보내며 일본제품의 사용을 금하는 등의 활동을 하였다.	1995 애국장
2	강혜원	1919. 3. 2. 미국 캘리포니아주 다뉴바 지방에서 강원신 외 3명과 함께 "신한부인회"를 조직하였다. 5월 18일 "한인부인회"와 "신한부인회"의 합동을 추진하였으며 8월 2일 부인회 합동결의안을 통과시키고 대한여자애국단 결성시에 총단장으로 선임되었다. 이 조직에서 군자금을 모집하여 1920. 2. 10. 군자금 500달러를 대한인국민회중앙총회를 경유하여 임시정부에 송금하였으며 1930년 이후, 대한여자애국단, 흥사단, 대한인국민회에서 활약하였다.	1995 애국장
3	공백순	1942. 2월 미국 워싱톤에서 열린 「한인자유대회」에 참석하여 연설하고 같은 해 12일에는 캐나다 퀘백에서 열린 태평양회의에 한국대표로 참석하였으며 1942 ~ 1943년에 신한민보와 국민보 영자판에 한국 독립의 청사진 등 기사를 발표하였고 1943년에는 「독립」 신문의 발기인으로 활동하였다.	1998 건국포장

	이름	공적	서훈
4	권영복	1918년 미국 캘리포니아 대한인국민회 새크라멘토 지방회 회원, 1919년 새크라멘토 한인부인회 대표로 대한여자애국단을 조직하고, 1934년 대한여자애국단 로스앤젤레스지부 단장, 1937년 동단 동지부 중국항일전쟁 후원 수전위원 등으로 활동하였다. 또한 1918년부터 1937년까지 여러 차례 독립운동자금을 지원하였다.	2015 건국포장
5	김낙희	1914년 미국 캘리포니아 샌프란시스코에서 부인회 조직을 논의하였고, 1919년 한국부인회 대표로 대한여자애국단 결성에 참여하여, 1925 ~ 1945년까지 재무, 위원, 서기 등을 역임하였다. 조국의 여자 교육에도 관심을 기울여 1928년 정신여학교를 후원하고, 1931년 조선여자대학 협조회 발기인으로 활동하였다. 또한 1919년부터 1945년까지 독립운동 자금을 여러 차례 지원하였다.	2016 건국포장
6	김대순	1938~1939년까지 대한여자애국단 메리다지부 단장, 1940~1941년 동단 서기, 1944년 대한여자애국단 메리다 유카탄지부 단장 등으로 활동하며, 여러 차례 독립운동자금을 지원함.1)	2018 건국포장
7	김도연	1920년 대한인여자애국단 맥스웰지부 서기, 1921년 동단 맥스웰지부 수금위원, 1924년 맨티카 국어학교 임원, 1932년 동단 나성지부 서기, 1934년 동단 나성지부 단장 및 동단 총부 서기, 1943년 동단 딜레노지부 재무, 1945년 딜레노 구제회 재무 및 대한여자외국단 딜레노지부 재무 등을 역임하였다. 또한 1916년부터 1944년까지 여러 차례 독립운동자금을 지원하였다.	2016 건국포장

---

1) 김대순 지사의 활동지역을 국가보훈처에서는 '미주지역'으로 분류했지만 실제는 멕시코에서 활동한 분이다.

	이름	공적	서훈
8	김석은	1918년 3월부터 미국 캘리포니아에서 대한인국민회 삭도지방회 회원으로 활동하며, 1919년 7월 대한여자애국단 서기로 미국 대통령에게 한국 문제에 관한 청원서를 보내고, 1926년 동단 샌프란시스코 서기로 활동함. 1918년부터 1942년까지 여러 차례 독립운동자금을 지원하였다.	2018 대통령 표창
9	김자혜	1919년 미국 샌프란시스코 미주한인부인회 대표, 1923년 구미위원부 재무, 오클랜드 대한여자애국단 지부 단장, 1927년 부인전도회 회장, 1929년 부인저금회 회장 및 오클랜드지방회 재정부위원, 1931년 중가주공동회 오클랜드지방 선전부장, 이후 1945년까지 오클랜드지방회 대의원, 수전위원, 국민회 오클랜드대표 등으로 활동했으며 여러 차례 독립운동자금을 지원하였다.	2014 건국포장
10	박영숙	1919년 3월 미국 다뉴바에서 신한부인회 서기, 1919년부터 1924년까지 대한여자애국단 총부위원, 1921년 다뉴바 국민대표회 회원, 1922년 대한여자애국단 다뉴바 총부 재무로 활동하였다. 1930년부터 1939년까지 대한인국민회 딜라노 지방회 원, 1940년부터 1942년까지 대한여자애국단 딜라노 지부 재무, 1943년 동 지부 단장 등으로 활동하며 1919년부터 1945년까지 여러 차례 독립운동자금을 지원하였다.	2017 건국포장
11	신마실라	1919년부터 1921년까지 미국 워싱턴에서 한인구제회 서기로 구제금 모집 및 한국독립을 촉구하는 순회강연을 하고, 1928년 뉴욕과 1931년 필라델피아에서 3·1절 기념식에서 연설 등으로 민족의식을 드높였다.	2015 대통령 표창
12	이혜련	도산 안창호의 부인으로 1909년부터 지속적으로 의연금·국민의무금·특별의연 등 독립운동자금을 지원하였으며 1919년 3월 미국 로스앤젤레스에서 조직된 부인친애회에 참여하였고 1919년 8월 다뉴바에서 조직된 독립운동단체인 대한여자애국단에 부인친애회 대표로 참가하였다. 1942년부터 1944년까지 대한여자애국단의 위원으로 활동하였다.	2008 애족장

	이름	공적	서훈
13	양제현	1917년, 1919년 미국 캘리포니아 새크라멘토한인 부인회 회장, 1929~1930년 대한여자애국단 총단 장, 1925년, 1928년, 1933~1935년, 1938년, 1941~1942년, 1944년 대한여자애국단 샌프란 시스코지부 단장 등으로 활동하였다. 1931~1932 년, 1934~1938년, 1940년, 1942년 대한인국민 회 샌프란시스코지방회 구제원·재무·집행위원·학 무위원·교육위원·실업위원 등을 역임하였다. 또한 1919~1945년까지 여러 차례 독립운동자금을 지 원하였다.	2015 애족장
14	이성례	1920년 대한여자애국단 맥스웰지부 단장, 1930~ 1945년 동단 나성지부 부단장·재무·위원·단장, 1934~1942년 동단 총부 재무로 활동하고, 1944 년 1월 재미한족연합위원회, 동년 10월 구미위원 부 개조를 위한 전체대표회, 1945년 1월 재미한족 연합위원회 강화회에 대한여자애국단 대표로 참석 하였다. 1934~1935년 대한인국민회 나성지방회 구제원, 1936년 7월 흥사단 제2구역 나성지방대회 준비위원에 선임되어 활동하고, 1923~1945년 여 러 차례 독립운동자금을 지원하였다.	2015 건국포장
15	임메블	1919년 로스앤젤레스에서 부인친애회를 조직하여 활동하다 8월 미주 각 지방 부인회가 통합되어 대 한여자애국단이 창립될 때, 부인친애회 대표로 참 가하였다. 1929년 12월부터 1930년 1월까지 한인 어린이의 국어교육을 위한 교육기관 설립 준비기성 위원으로 참여하였다. 1930년 3월 대한여자애국단 로스앤젤레스지부단장으로 조선여자대학 설립에 필요한 건축비 모금운동을 하였다. 1940년 대한여 자애국단 총부위원, 1940년과 1941년 지부단장으 로 뽑혀 대한인국민회 창립기념식 등에서 축사를 낭독하였다. 1942년 대한인국민회 로스앤젤레스지 방회 구제위원, 같은 해 2월 재미한족연합위원회 집행부 주최 3·1절 경축 준비위원으로 활동하였다.	2016 애족장
16	임성실	1919년 미국 다뉴바신한부인회 대표로 대한여자애 국단 설립에 참여하였고 1921년 동단 다뉴바지부 단장, 1922년과 1939년에는 동단 위원으로 활동 하였다. 또한 1919년부터 1944년까지 여러 차례 독립운동자금을 지원하였다.	2015 건국포장

	이름	공적	서훈
17	차경신	1918년 일본으로 유학하여 요코하마여자신학교에 재학하고 있던 중에 1919년 2월에 도쿄에서 한국 유학생들이 주도한 2·8독립선언에 참여하였다. 국내에서 부인회, 간호대 및 청년단을 조직하고, 상해 대한민국임시정부의 비밀요원으로 활약하였으며, 미국으로 건너가 한국어학교 초대교장 및 대한애국부인단 총단장 등을 역임하였다.	1993 애국장
18	차보석	1921년 중국 상해에서 재상해유일학생회 회원, 1925년 대한여자애국단 샌프란시스코지부 단장, 1926~1928년 대한여자애국단 총단장, 1929년 동단 서기, 재무, 1925~1928년 샌프란시스코 국어학교 교사, 1931년 동 국어학교 재무로 활동하였다. 1931년 대한인국민회에 입회하여 1932년 3·1절 기념식 준비위원 등으로 활동하고 1925~1932년까지 여러 차례 독립운동자금을 지원함.	2016 애족장
19	차인재	1920년 6월 경기도 수원군 수원면에서 삼일학교 교사로 근무 중 박선태 등이 조직한 구국민단에 참여, '독립신문·대한민보' 등의 독립 사상에 관한 기사 배포 활동을 하였다. 같은 해 8월 미국으로 이주 후 1924년 대한인국민회 맥스웰지방회 학무원, 1933년 대한여자애국단 로스앤젤레스지부 부단장, 1935년 동단 서기, 1936년 재무 및 여자청년회 서기로 활동하였다. 1936년 대한여자애국단 총단 서기, 1937년부터 1942년까지 대한여자애국단 로스앤젤레스지부 서기, 1939년 대한인국민회 로스앤젤레스지방회 집행위원 및 총무를 역임하였다. 1941년부터 이듬해까지 대한인국민회 로스앤젤레스지방회 교육위원, 1942년 대한여자애국단 총부위원, 1943년 대한인국민회 로스앤젤레스지방회 집행위원 및 총무, 1944년 대한여자애국단 로스앤젤레스지부 회장으로 활동하였다. 1944년 재미한족연합위원회 선전과장, 1945년 대한여자애국단 로스앤젤레스지부 위원 및 대한인국민회 로스앤젤레스지방회 총무, 재미한족연합위원회 군자금 모집위원으로 활동하며 1922년부터 1945년까지 여러 차례 독립운동자금을 지원하였다.	2018 애족장

	이름	공적	서훈
20	김덕세	1922년 미국 캘리포니아 다뉴바에서 시사연구회 발기인으로 참석하고, 1944년 4월 대한여자애국단 중가주지부 조직에 단원으로 참여하고, 같은 해 11월 재미한족전체대표회에 대한여자애국단 대표로 활동하면서 1921년부터 1945년까지 독립금 370여원을 지원하였다.	2014 대통령 표창
21	한성선	1919년 3월 미국 캘리포니아주 다뉴바에서 신한부인회 대표로 같은 해 8월 미국내 여성단체 통합 조직인 대한여자애국단을 설립하여 총부위원으로 활동하였다. 1921년부터 1924년까지 대한여자애국단 총단장을 역임하고 1944년까지 단원으로 활동하였다. 또한 1918년~1945년까지 여러 차례 독립운동자금을 지원하였다.	2015 애족장

〈2〉 하와이지역에서 포상받은 여성독립운동가

하와이지역에서 여성독립운동가로 포상 받은 사람은 2018년 11월 17일 현재, 모두 7명으로 1913년 4월 19일 하와이 호놀룰루에서 대한인부인회를 조직하여 회장으로 활약한 황마리아 지사(2017. 애족장), 전수산 (2002. 건국포장) 지사, 박신애(1997. 애족장) 지사, 심영신(1997. 애국장) 지사, 정월라 지사(2018. 대통령표창), 박정금(2018. 애족장) 지사다. 활동을 개인별로 살펴보면 다음과 같다.

① 황마리아 지사(1865 ~ 1937.8.5.)

황마리아 지사(2017. 애족장)는 1905년 4월, 아들, 딸과 함께 조국 평양을 떠나 도릭선편으로 하와이 노동이민의 첫발을 내딛었다. 당시 큰딸은 19

살이었으며, 17살이었던 아들 강영승의 노동이민에 가족이 동반하는 식
으로 이민 길에 나섰다. 무려 한 달여의 길고 긴 항해 끝에 황마리아 가족
이 하와이에 도착한 것은 1905년 5월 13일이었다. 이들은 하와이 가피
올라니 농장에 소속되어 고달픈 이국땅에서 사탕수수밭 노동자로서의 삶
을 시작했다. 낯설고 척박한 환경이었지만 황마리아 지사는 불굴의 정신
으로 새로운 노동환경에 적응해가는 한편 일제에 빼앗긴 나라를 구해야
한다는 일념으로 1913년 4월 19일, 하와이 호놀룰루에서 대한인부인회
를 조직하여 회장으로 활동하였다.

황마리아 지사 나이 48살이 되던 해였다. 이에 그치지 않고 1919년 3월
15일, 하와이 지역에 사는 부녀 대표 41명은 호놀룰루에서 공동대회를
열고 조국 독립운동의 후원을 위한 단체를 구성하기로 합의하여 3월 29
일, 제2차대회 결의안을 발표한 뒤 1919년 4월 1일 대한부인구제회를
설립하였다. 이들의 활동은 크게 독립운동 자금 지원과 구제사업 활동이
었다. 독립운동 자금 지원은 대한민국임시정부와 외교선전 사업에 후원
금을 보내는 한편 독립군 지원을 위하여 만주의 서로군정서와 대한독립
군 총사령부 출정 군인에게 구호금을 보냈으며, 중경의 광복군 편성 후원
금도 지원했다. 황마리아 지사는 조국 광복을 위해 신명부인회, 대한인부
인회, 대한부인구제회 등에서 헌신하며 조국 광복에 평생을 바쳤다.

② **전수산 지사**(1894.5.23. ~ 1969.6.19.)

전수산(2002. 건국포장) 지사는 평양 출신으로 평양 진명여학교(1908)와 서
울의 이화학당(1911)을 졸업하고 22살 되던 해인 1916년 6월 21일, 세
살 난 딸 옥희와 하와이 호놀루루항에 첫발을 디뎠다. 이후 1919년 상해
에서 대한민국임시정부가 수립되어 공채를 발행하게 되자 전수산 지사는
당시 돈으로 15달러 상당의 공채를 매입하여 독립운동자금을 지원하였
다. 이어 1919년 4월 1일 하와이 호놀루루에서 창립된 하와이 부인단체

인 대한부인구제회에 가입하여 국권회복 운동과 독립운동에 필요한 후원금을 모아 상해 임시정부를 돕는데 앞장섰다. 전수산 지사는 1942년부터 1945년 광복이 될 때까지 대한부인구제회 회장을 맡아 중경에 있는 대한민국임시정부를 적극 도왔다.

> "전수산 외할머니는 매우 활동적인 분이셨습니다. 외할머니는 이모와 어머니 등 여성들이 스스로 자립하도록 가르쳤으며 당신이 솔선수범하는 삶을 사셨습니다. 외할머니의 독립운동은 명예나 이름을 남기기 위한 것은 아니었습니다. 빛도 없이 음지에서 조국의 독립을 위해 적극적으로 뛰신 외할머니의 삶을 존경하며 그 후손이라는 것이 자랑스럽습니다."

이는 2017년 4월 13일 낮 2시, 필자가 하와이대학에서 만난 전수산 지사의 외손자 티모시 최(75세) 선생의 증언이다. 전수산 지사는 75세로 하와이에서 숨져 호놀룰루 다이아몬드헤드 공원묘지에 잠들어 있다.

③ **박신애 지사**(1889.6.21. ~ 1979.4.27.)

박신애(1997. 애족장) 지사는 황해도 봉산 출신으로 하와이로 건너가 하와이 대한부인구제회를 중심으로 대한민국임시정부의 활동을 지원하면서 독립운동을 펼쳤다. 박신애 지사는 1920년대 말 임시정부 주석 백범 김구로부터 임시정부가 재정부족으로 매우 어려운 상황에 처해 있다는 한 통의 편지를 받고 독립자금을 모아 임시정부에 보냈다. 어려움 속에서도 임시정부에 독립자금을 보내준 하와이 여성독립운동가들의 고마움을 백범 김구는 그의 자서전에 잊지 않고 그 이름을 남겼다.

> "나의 통신(하와이 동포들에게 쓴 편지)이 진실성이 는 데서 점차 믿음이 생기기 시작하였다. 그리하여 하와이의 안창호〈여기 안창호(安昌鎬)

는 도산 안창호(安昌浩)와는 다른 인물로 하와이 국민회 계통 인물이
다〉, 가와이, 현순, 김상호, 이홍기, 임성우, 박종수, 문인화, 조병요,
김현구, 안원규, 황인환, 김윤배, 박신애, 심영신 등 제씨가 나와 (임
시)정부에 정성을 보내주기 시작했다."[2]

박신애 지사를 비롯한 하와이 여성독립운동가들은 1919년 3월 15일 하
와이 각 지방 부녀대표 41명이 호놀룰루에서 모여 조국 독립운동을 후원
할 것을 결의했다. 이에 3월 29일 2차대회에서 대한부인구제회를 결성하
였으며 이들은 임시정부의 외교선전 사업에 적극 동참하여 조선이 독립
국임을 전세계에 선포했을 뿐 아니라 조국의 3·1만세운동 때 순국하거나
부상당한 가족들을 돕는 구제사업을 지속하였다.

④ 심영신 지사(1882.7.20. ~ 1975.2.16.)

심영신(1997. 애국장)지사는 황해도 송화 출신으로 이곳은 3·1만세운동 때
수많은 독립운동가를 배출한 곳이다. 이곳 출신 독립운동가로는 신민회
에서 활동하다 망명하여 임시정부의 군무총장과 국무총리를 역임한 노백
린 장군, 도쿄에서 2·8독립선언에 참여하고 〈독립선언문〉을 국내에 들여
와 3·1만세운동의 도화선으로 이끈 김마리아, 1928년 5월 대만에서 일
본 황족을 습격한 조명하, 광복군 대대장으로 활약한 한철수 등이 모두
송화 출신이다. 많은 독립운동가들이 활약한 송화에서 나고 자란 심영신
지사는 사진신부로 하와이로 진출하여 대한인부인회와 재미한족연합위
원회의 위원으로 활동하면서 조국 독립에 힘을 실어 주었다.

대한인부인회는 자녀의 국어교육 장려, 일제용품 구매 거부운동, 교회와
사회단체 후원, 재난동포 구제를 주요 행동지침으로 삼고 활약한 단체였
다. 심영신 지사는 1919년 조국에서 3·1만세운동이 일어나자 국내활동

---

2) 김구 저, 도진순 주해, 『백범일지』, 돌베개, 2003. 320쪽

을 지원하기 위해 하와이 각 지방의 부녀대표자 모임인 부녀공동대회를 이끌었다. 심영신 지사는 1941년 4월 하와이에서 열린 해외한족대회에 대한부인구제회 대표로 참석하여 이 대회에서 조직된 재미한족연합위원회 의사부 위원으로 활약했다. 또한 임시정부 후원을 비롯하여 대미외교와 선전사업을 적극적으로 추진하는 등 독립운동을 위해 평생 헌신했다.

⑤ **이희경 지사**(1894. 1. 8. ~ 1947. 6.26.)

이희경(2002. 건국포장)지사는 이른바 사진신부로 하와이에 건너갔으나 고국에서 대구 신명여학교를 1회로 졸업할 정도로 부모님의 자녀교육은 남달랐다. 1919년 4월, 하와이 호놀룰루에서 창립된 하와이 부인단체의 통일기관인 대한부인구제회(大韓婦人救濟會) 회원이 되어 국권 회복운동과 독립전쟁에 필요한 후원금을 모집하는데 앞장섰으며 조국의 애국지사 가족들에게 구제금을 보내는 등 구제사업에 정성을 쏟았다. 1928년 영남부인실업동맹회를 결성하여 간부로 활동하고, 1940년대 초 부인구제회의 호놀룰루지방회의 대표로 활동하였다. 1930년대 말부터 광복까지 대한인국민회의 회원으로 활동하면서 수십 차례에 걸쳐 총 수백여 원의 독립운동자금을 제공하였다.

이희경 지사는 남편 권도인 독립운동가와 함께 하와이에서 커튼 사업으로 크게 성공하자 사업에서 나오는 돈을 독립운동 자금으로 아낌없이 기부했는데 1945년 광복이 될 때까지 《국민보》에 기록된 금액만도 1만 달러에 이를 정도였다. 뿐만 아니라 이희경 지사 남편은 태평양전쟁이 일어나자 직접 민병대로 나서 자신의 트럭으로 물자를 수송했으며 두 아들도 군에 입대시킬 정도로 투철한 항일의식을 갖고 있었다. 이희경 지사는 영남부인회를 15년 동안 이끌면서 한인여성사회의 발전과 독립운동 후원, 재미한인사회 구제사업 활동에 커다란 족적을 남겼다.

⑥ 정월라 지사(1895 ~ 1959.1.1.)

정월라(2018. 대통령표창)지사는 평안남도 평양 출신으로 3·1만세운동 직후인 1919년 6월, 평양에서 박승일·이성실·손진실 등 감리파 부인 신도 중심으로 조직한 애국부인회에 참여하였다. 이 모임은 상해 대한민국임시정부에 대한 지원 및 독립정신 고취, 군자금 모금 등을 주요 활동 지침으로 삼았는데 정월라 지사는 대한애국부인회 본부 재무부장, 적십자부원 등으로 활동하였다.

1919년 6월 당시 평양에는 기독교 장로파와 감리파의 부인 신도들이 각기 자기 교파의 부인 신도들을 결속하여 대한민국임시정부의 독립운동을 돕고 있었는데 이를 안 임시정부 요원인 김정목·김순일 등의 권유로 두 교파는 서로 제휴·연합을 논의한 끝에 11월에 합치기로 하여 이름을 대한애국부인회라하고, 평양에 연합회 본부를 두되 주요 지방에 지회를 두는 계통적 비밀결사를 이루었다.

정월라 지사는 33살 때인 1928년 하와이로 건너가 호놀룰루 감리교회 부인보조회 회장, 1942년 독립금예약수봉위원회 수봉위원, 1944년 조선민족혁명당 하와이지부 선전부원, 1945년 동 지부 사교부원 등으로 활동하였으며 1938년부터 1944년까지 여러 차례 독립운동자금을 지원하였다.

⑦ 박정금 지사

박정금(2018. 애족장)지사는 1919년 3월 29일 하와이에서 결성된 대한부인구제회에 참여하여 1927년 동 구제회 대의장, 1935년부터 1937년까지 동회 총무, 1938년부터 1945년까지 중앙부장 및 총무, 특연금수봉위원 등으로 활동하였다. 1928년 9월 27일 하와이 호놀룰루에서 영남부인

실업동맹회에 가입하여, 1936년 동회 부회장 등을 지냈으며 1937~
1945년까지 여러 차례 독립운동자금을 지원하였다.

이상과 같이 하와이로 이민길에 오른 여성들은 생존을 위한 노동에 종사
하는 한편 애국단체 회원으로 독립에의 열정을 불태워 나갔다. 하와이지
역의 자치단체는 이주 초기부터 생겨났다. 하와이의 각 농장에서 집단생
활에 들어갔던 한인들은 '동회(洞會)'를 조직하여 서로간의 친목을 다지면
서 상호부조와 권익신장을 도모했다. 1903년 8월에는 이미 민족운동의
성격을 띤 신민회가 호놀루루에서 결성되었다.

이 단체는 일제의 침략으로부터 한국의 국권을 보호한다는 목적을 내세
우고 강령으로서 동족단결, 민지계발, 국정쇄신을 제시했다. 우리나라 최
초의 공식적인 노동이민에 기초한 미주한인사회의 형성과 발전은, 비록
그 규모는 작았지만 새로운 서구세계와의 만남이자 진취적인 개척정신을
실천할 수 있는 절호의 기회였다. 아울러 떠나온 조국이 일제에 의한 국
권 침탈과 상실이라는 암울한 현실을 직시하고 이의 극복을 위해 국외에
민족운동의 근거지를 마련하는 집념을 보였다. 특히 여성의 경우는 노동
과 육아 그리고 독립운동이라는 중차대한 임무 앞에서 이를 비관하거나
좌절하지 않고 일가(一家)의 번영과 나라의 독립을 위해 뛴 사실에 주목해
야 할 것이다.

36. 이화학당 인텔리 미국에서 돈 모아 군자금 댄 "차인재"

"외할머니(차인재 지사)는 매우 억척스러운 분이셨습니다. 외할머니는 새크라멘토에서 식료품 가게를 하셨는데 새벽부터 밤까지 초인적인 일을 하시며 돈을 버셨지요. 그렇게 번 돈을 조국의 독립운동 자금으로 내신 것이지요. 제가 8살 무렵에 한글교실에 다녔는데 이것은 외할머니의 영향이었습니다. 외할머니는 제가 대학을 졸업할 무렵 돌아가셨습니다."

이는 미국에서 독립운동을 하신 차인재(1895 ~ 1971, 2018년 애족장)지사의 외손녀딸인 윤자영(미국이름 윤패트리셔, 71살) 씨가 한 말이다. 2018년 8월 13일(현지시각) 저녁 7시, 필자는 차인재 지사의 외손녀 윤자영 씨가 사는 헌팅턴비치의 조용한 단독주택을 찾았다. 윤자영 씨 집은 필자가 묵고 있던 LA코리아타운으로부터 승용차로 1시간여 거리에 있는 헌팅턴비치 주택가로 이곳은 정원을 갖춘 2층짜리 집들이 즐비한 곳으로 조용하고 깔끔한 모습이 인상적이었다.

방문 전에 필자는 전화로 미국에서 활동한 여성독립운동가에 대한 유적과 후손들을 만나기 위해 한국에서 왔다고 밝히고 외할머니(차인재 지사)에 대한 이야기를 해줄 수 있느냐고 물었다. 그랬더니 "외할머니 사진은 제가 많이 가지고 있습니다만 외할머니에 대한 이야기는 많이 해드릴 게 없습니다. 취재에 도움이 될지 모르겠습니다."라고 해서 내심 걱정하며 찾아간 윤자영 씨는 칠순의 나이에도 생각보다 달변가였다.

차인재(남편 성을 따라 임인재로도 부름) 지사의 외손녀인 윤자영 씨는 외할머니 이야기를 실타래 풀듯 술술 들려주었다.

윤자영 씨는 찾아간 필자를 위해 커다란 유리컵에 얼음을 동동 띤 냉수를 내왔는데 유리컵을 테이블 위에 놓자마자 필자는 며칠 전 윤자영 씨의 외할머니(차인재)와 외할아버지(임치호)가 묻혀있는 LA 로즈데일무덤에 다녀와서 찍은 사진을 보여주었다. 그러자 외손녀는 자기도 자주 가보지 못하는 외할머니, 외할아버지 무덤을 다녀왔다며 고맙다는 말을 시작으로 하나둘 외할머니와의 추억에 대한 이야기를 꺼내기 시작했다.

이야기는 주로 외할머니가 자신에게 한국말을 배우게 하려고 현지 '국어학교(한국인학교)'에 보낸 이야기, LA에서 식료품 가게를 하던 외할머니가 억척스럽게 부(富)를 일군 이야기, 당시 미국 여자들도 운전하는 여자가 드물던 시절에 운전면허를 따서 손수 운전하던 이야기 등등 외할머니에 대한 이야기를 술술 실타래 풀듯 풀어 놓았다.

차인재 지사는 외손녀딸에게 한글 공부를 열심히 시켰다(앞줄 왼쪽 두 번째가 윤자영 씨)

한 30여 분만 이야기를 나눌 거라고 생각한 대담은 2시간이 넘도록 끝나
질 않았다. 이야기를 하다 보니 윤자영 씨는 독립운동가 외할머니에 대해
"아는 이야기 없는 게 아니라 말할 기회가 없었던 것" 같았다. 그도 그럴
것이 외할머니(1971년 숨짐) 살아생전이나 어머니가 살아 계실 때 고국에
서 누군가 찾아와서 독립운동 이야기를 물어 온 사람이 없었기에 외손녀
인 윤자영 씨는 외할머니의 독립운동이 크고 중요한 일인 줄은 잘 몰랐던
것이다.

차인재 지사는 남편 임치호 지사의 성을 따라 미국에서는 임인재로 통하
고 있었다. (무덤 표지석에는 림인재) 차인재 지사는 1920년 8월, 25살의 나
이로 미국행을 선택했는데 그 계기에 대해서 외손녀인 윤자영 씨도 잘
알지 못하고 있었다. 그뿐 아니라 외할머니가 이화학당을 나온 것 말고는
한국에서 무엇을 하다 오셨는지 모른다고 궁금해했다. 오히려 필자에게
외할머니의 '조선에서의 삶'을 물었다.

차인재, 임치호 독립운동가 부부는 딸 셋
을 낳았다. 왼쪽 첫번째가 필자와 대담을
한 윤자영 씨 어머니다.

필자가 묻고 싶은 말을 되레 후손으로부터 질문을 받은 꼴이다. 차인재
지사는 이화학당을 나와 수원 삼일학교에서 교사로 근무하다가 1920년
8월, 돌연 미국행을 택하게 된다. 삼일여학교 교사였던 차인재 지사가 갑
자기 미국으로 건너간 계기에 대해서는 뚜렷한 기록이 남아있지 않으나
미국행을 택한 정황을 생각할 수 있는 자료가 있다. 그 정황이란 다름 아
닌 수원의 삼일학교에서 조직한 비밀결사 조직인 〈구국민단〉에서의 활동
이다.

〈구국민단〉은 당시 박선태(1990, 애족장) 지사가 주도로 활동한 독립운동
단체로 휘문학교에 재학 중이던 박선태 지사는 1919년 9월 독립운동을
위해 중국 상해로 가려다가 삼일학교 교사 이종상을 만나 국내에서 항일
투쟁을 펴기로 계획을 변경하고 1920년 6월 20일 비밀결사 〈구국민단〉

을 조직했다. 이 조직에서 차인재 지사는 교제부장을 맡았으며 독립신문, 대한민보 등 독립사상에 관련한 신문을 국내에 배포하는 등 주도적으로 독립운동에 참여하였다. 그러나 이 단체를 주도한 박선태 지사는 얼마 되지 않아 일경에 잡히고 만다.

차인재 지사의 이화학당 시절 모습(앞줄 왼쪽)

한편 차인재 지사가 미국에 건너가 바로 활동한 기사가 1921년 4월 7일 치 미국에서 발행하는 〈신한민보〉에 실려 있어 첫발을 디딘 미국에서의 생활을 어렴풋이나마 이해할 수 있다. 이 기사는 '임치호씨 부인 교육 열심' 이라는 제목으로 차인재 지사는 당시 캘리포니아 맥스웰에 살았으며 교포자녀들을 위해 '국어(조선어)학교 교실'을 만들어 교육한 것으로 소개되고 있다.

유달리 차인재 지사는 '국어(조선어)교육'에 열의를 보였는데 그것은 딸과 손녀인 윤자영 씨에게도 고스란히 전해져 8살 무렵 어린 윤자영은 한글을 읽고 쓰는 교육을 받았다고 했다. 그러나 이후 지속적으로 한국어 공부를 이어가지 못한 윤자영 씨는 미국대학에서 약학을 전공하여 약사로 한평생을 지내느라 한국어는 8살 때 배운 실력에서 멈추어 있었다. 통역 없이는 독립운동가 후손과 올바른 의사소통이 불가능한 것이 동포 2세, 3세의 현실이고 보면 안타깝기 짝이 없다. 이날 통역은 샌디에이고에서 교사로 있는 이지영 씨가 맡아 수고해주었다.

> "외할머니는 이 집안에 태어나는 자손들이 돌(1살)을 맞이할 때는 언제나 한복을 입히라고 했습니다. 한국의 문화를 이어가길 바라신 거지요. 어려운 이민자의 삶 속에서 외할머니는 식료품 가게 등을 경영하면서도 조국의 광복을 위해 독립기금을 내시고 국어교육을 실천하시는 등 강인한 정신력으로 한평생을 사셨습니다. 나는 그런 외할머니가 존경스럽습니다."

윤자영 씨는 차인재 외할머니에 대한 이야기를 듣겠다고 찾아온 필자를 만나 마음속에 담아왔던 그간의 회한을 쏟느라 시간가는 줄 모르고 있었다. 대담을 마치고는 집안 거실에 놓인 2단 짜리 반닫이 등 집안 구석구석에 장식해 둔 한국 물건에 대해 일일이 설명해주었다. 지금은 외할머니도 어머니도 모두 돌아가시고 자신 역시 칠순의 나이가 되었지만 외할머니는 자신의 정체성을 깨닫게 해준 뿌리임을 잊지 않고 있는 윤자영 씨와의 만남은 필자에게도 뜻깊은 시간이었다.

윤자영 씨의 외할머니 차인재 지사는 1924년 대한인국민회 맥스웰지방회 학무원(學務員), 1933년 대한여자애국단 로스앤젤레스지부 부단장, 1935년 서기, 1936년 재무 및 여자청년회 서기로 활동하였다. 또한 1941년부터 이듬해까지는 대한인국민회 로스앤젤레스지방회 교육위원, 1942년 대한여자애국단 총부 위원, 1943년 대한인국민회 로스앤젤레스지방회 집행위원 및 총무, 1944년 대한여자애국단 로스앤젤레스지부 회장으로 활동하였다.

로스앤젤레스 외곽에 있는 로즈데일무덤에
묻혀있는 차인재(임인재, 림인재), 임치호
(림치호) 부부 무덤을 찾아가 헌화했다

그 뒤에도 1944년 재미한족연합위원회 선전과장, 1945년 대한여자애국
단 로스앤젤레스지부 위원 및 대한인국민회 로스앤젤레스지방회 총무,
재미한족연합위원회 군자금 모금 위원으로 활동하면서 1922년부터
1945년까지 여러 차례 독립운동자금을 지원하였다. 이러한 공로를 인정
받아 차인재 지사는 2018년 정부로부터 건국훈장 애족장을 추서 받았다.
한편 남편인 임치호 지사 역시 1908년부터 미국에서 독립운동을 한 공
로를 인정받아 2017년 애족장을 추서 받은 부부 독립운동가다. 이 부부
는 로스앤젤레스 외곽에 있는 로즈데일무덤에 잠들어 있다.

대담을 마치고 나오는 차인재 지사의 외손녀가 사는 헌팅턴비치의 주택
가는 이미 어두워져 있었다. 대문 밖까지 나와 고국에서 찾아온 필자의
손을 놓지 않던 윤자영 씨의 따뜻한 마음을 뒤로 하고 LA코리아타운의
숙소로 돌아오는 차 안에서 필자는 "외할머니의 이 많은 사진을 어떻게
했으면 좋을지 모르겠습니다."라고 하던 외손녀의 말이 생각났다.

그렇다고 말도 안 통하는 상태에서 필자가 두꺼운 앨범을 받아 올 수도 없는 노릇이었다. 가장 좋은 것은 국가보훈처에서 독립운동가의 2세, 3세 집에 보관된 수많은 사진과 자료를 기증받아 보관 정리하면 좋지 않을까 하는 생각을 해보았다. 더 늦기 전에 말이다.

필자에게 외할머니의 많은 자료들을 보여주며 설명하는 윤자영 씨, 영어로 통역을 해준 이지영 씨, 필자 (오른쪽부터)

제 6 장

대한의 늠름한
여자광복군

37. 용인의 늠름한 여자광복군
"오희옥"

류후공원 낡은 로프웨어에 매달려 산마루를 올랐다
저만치 발아래 류쩌우 시내가 육십 년대 사진첩 속 그림처럼 어리고
그 어딘가 열네 살 소녀의 씩씩한 군가가 들려올 듯하다

용인 느리재의 명포수 할아버지 의병장으로 나선 길 뒤이어
만주벌을 쩌렁쩌렁 호령하던 장군 아버지
그 아버지와 나란히 한 열혈 여자 광복군 어머니
그 어머니의 꽃다운 두 딸 희영 희옥 자매
광복진선청년공작대원되어 항일연극 포스터 붙이러
어봉산 도락암 공원에도 자매는 다녀갔을까?

열네 살 해맑던 독립소녀 팔순 되어 사는 집
수원 대추골 열세 평 복지 아파트 찾아가던 날
웃자란 아파트 정원 은행나무 그늘에 앉아
낯선 나그네 반겨 맞이하던 팔순 지사

흑백 사진첩 속 서간도 황량한 땅 개척하며 독립의지 불사르던
오씨 집안 3대 만주벌 무용담 자랑도 하련마는
손사래 절레절레 치는 수줍은 여든여섯 광복군 소녀

그 누구 있어 치열한 3대의 독립운동사를 책으로 쓸까
욕심 없이 아버지 유품을 내보이며 들꽃처럼 미소 짓던
해맑은 영혼 그 눈동자에 비치던 우수 어린 한 점 이슬

아직도 광복의 영광 새기지 않는 조국
전설 같은 독립의 이야기 찬란히 다시 꽃피울 때
꿈 많던 용인의 열네 살 광복군 소녀의
서간도 이야기 만천하에 들꽃처럼 피어나리라.

이는 필자가 오희옥 지사를 위해 지은 시다. 오희옥(吳姬玉, 1926. 5. 7. ~ 생존) 지사는 경기도 용인 출신으로 독립운동가 오광선(吳光鮮) 장군의 둘째 따님이다. 아버지는 처음에 성묵(性黙)이란 이름을 썼으나 조선의 광복을 바라는 뜻에서 광선(光鮮)으로 바꿀 정도로 애국심이 강한 사람이었다.

1939년 4월 열네 살 나이로 중국 유주(柳州)에서 한국광복진선청년공작대(韓國光復陣線青年工作隊)에 입대하여 일본군의 정보수집, 한국인 사병에 대한 초모(招募: 의병이나 군사를 모으는 일)와 연극·무용 등을 통한 대원의 위안 사업에 뛰어 들었다. 그 뒤 1941년 1월 1일 광복군 제5지대(第5支隊)로 편입되었고 1944년까지 한국독립당 당원으로 활동하였다. 오희옥 지사의 집안은 할아버지부터 부모님과 언니 내외 등 일가족 3대가 독립운동에 혁혁한 공을 세운 집안이다.

오희옥 지사와 만난 것은 10여 년 전으로 거슬러 올라간다. 처음 오희옥 지사를 만난 것은 수원의 열세 평 보훈아파트였는데 거기서 우리는 많은 이야기를 나눴다. 임시정부와 동고동락했던 이야기는 끝이 없었다. 임시정부가 상해를 떠나 유랑길에 오른 이야기 중에서도 장사(長沙)로 가는 길에 트럭과 목선을 타고 한 달간 양자강을 힘겹게 거슬러 올라간 대목에서는 눈물을 보이셨다.

수유리 애국지사 묘역에서 '한국광복군 무후선열 추모제전'에 참석한 오희옥 지사와 필자(2011.5.27)

또한 유주에서 언니 오희영과 한국진선청년공작대에 가입하여 활동하던 이야기며, 중경 근처 토교에서 임시정부 가족이 살던 신한촌과 청화중학교 이야기 등등 현지를 답사한 적이 있는 필자이기에 더욱 실감 나게 들렸다.

교통이 좋은 오늘날도 광활한 중국 대륙을 이동하기란 쉽지 않은 터에 100여 명이나 되는 임시정부 가족들이 이리 쫓기고 저리 쫓기며 피난 생활을 한 이야기를 듣고 있자니 가슴이 뭉클했다. 오희옥 지사와 이야기를 나누다 놀란 것은 이 집안이 대단한 독립군 집안이었다는 사실이었다. '1905년 을사늑약' 이후 국권회복의 일념을 품고 의병항쟁 활동을 한 할아버지 오인수 의병장, 서로군정서(西路軍政署) 별동대장과 경비대장으로 활동한 아버지 오광선 장군, 그리고 한국혁명여성동맹을 결성하여 맹활약을 한 어머니 정현숙(다른 이름, 정정산) 지사, 거기에 한국광복군 총사령부 광복군 참령(參領)으로 복무한 형부 신송식 지사에 이어 광복군 언니 오희영 지사의 독립운동 이야기는 한국독립운동사에 길이 빛날 일이다.

※ 오희옥 지사 1990년 애족장

2년째 병원 입원 중인
오희옥 지사 병실을 찾아서

'코로나19'로 석 달 만에 면회 금지가 약간 풀려 오희옥 지사님이 입원 중인 서울중앙보훈병원에 다녀왔다. 지난해 이맘때는 휠체어를 타고 병원 뜰에 나와서 보랏빛 붓꽃 등을 바라보면서 망중한을 보냈는데 올해는 '코로나19'로 불가능했다. 외부인 면회가 철저히 통제된 가운데 1층 로비 한쪽에 접근 금지선을 친 곳에서 서로 마스크를 쓴 채로 마치 교도소에서 가족 면회를 하듯 오희옥 지사님을 만났다.

한 달에 한 번 병원 미용봉사를 오던 미용사들도 '코로나19'로 봉사활동이 중단되어 오희옥 지사님의 머리는 웃자란 모습이었지만 건강상태는 양호한 모습이라 안도의 숨을 쉬었다. 하지만 마스크가 답답한지 연신 손이 마스크로 가는 모습이 안쓰러웠다. 일반인들도 답답한데 환자분들이야 오죽할까 싶다. 계절의 여왕 5월이면 가족들과 병실을 벗어나 병원 뜰에서 따스한 햇볕을 쏘이던 환자들 모습을 올해는 '코로나19'로 볼 수 없었다. 모두 철저히 병원의 지침을 잘 지키고 있었다.

오희옥 지사가 병원 신세를 지고 있는 것도 만 2년이 넘었다. 병원 생활이 길어질수록 집으로 돌아가고 싶은 마음이 더욱 커진다고 하니 곁에서 보는 가족들의 마음도 큰 시름이 아닐 수 없다. 거기에 올해는 '코로나19'로 병실 외에 운신의 폭이 좁아진 것도 딱한 노릇이다. 다행히 '코로

나19'가 진정 국면이라니 병원 뜰이라도 나올 수 있으면 그 이상 바랄 게 없는 상황이다.

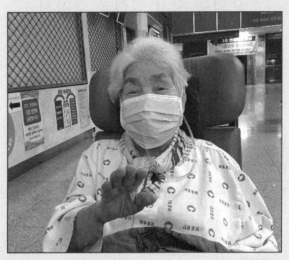

'코로나19' 국면에서도 꿋꿋하게 회복 의지를 불태우는 오희옥 지사님이 손을 흔들고 있다.

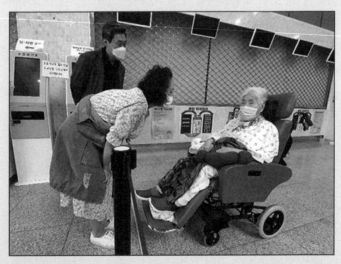

'코로나19'로 가족 면회도 병원 로비의 허용된 공간에서만 가능하다. 아드님과 며느님이 안부를 묻는 모습

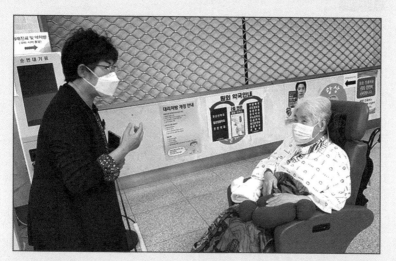

필자의 방문을 기쁘게 맞이해주신 오희옥 지사님과 이야기를 나누는 모습. 서울중앙병원 1층 면회 로비 공간에서 거리를 두고 만났다. 오희옥 지사는 현재 입으로 식사를 하지 못하고 코에 꽂은 호스로 영양식을 공급받는 상태가 지속되고 있다. 하지만 재활치료를 빠지지 않고 받는 등 본인의 회복 의지가 매우 큰 편이다. 오희옥 지사는 1926생으로 올해 95세이다. 안타깝게도 2017년 3월 17일(토), 급성 뇌경색으로 쓰러졌으나 지금은 상당히 회복된 상태이며 현재는 서울중앙보훈병원 재활병동에 입원 중이다.

석 달 만에 찾은 병원 로비의 면회 구역에서 만난 오희옥 지사는 밝은 모습으로 손을 흔들며 병원을 찾은 필자를 반겨주어 기뻤다. 다음 찾아뵐 때는 '코로나19'가 진정되어 마스크를 벗고 손이라도 잡으면서 면회할 수 있게 되길 빈다.(2020.5.4.)

광복군 언니 "오희영 지사"

오희영(吳熙英, 1924.4.23. ~ 1969.2.17.) 지사는 생존 애국지사인 오희옥 지사의 언니다. 오희영 지사는 중국 유주에서 한국광복진선청년공작대(韓國光復陣線靑年工作隊)에 입대하였다가 1940년 한국광복군이 창설되자 오광심·김효숙 등과 함께 여군으로 입대하여 제3지대 간부로 활동하였다. 1942년 김학규 제3지대장의 인솔 아래 왜적의 점령지구를 돌파하여 오광심·이복영·신송식 등과 함께 중국군 유격부대가 자리 잡고있는 부양(阜陽)에서 활동하였다.

광복군 전체가 그러했듯이 제3지대도 최종적으로는 국내에 진격하여 항일 무장 독립 투쟁을 감행하기 위한 목표 아래 편의상 고국과 최단 거리 지점인 산동반도(山東半島)로 진출할 것을 계획하였다. 따라서 공작 기지를 부양(阜陽)에 설치하여 그곳에 본부를 두게 되었는데 이곳은 가장 위험한 적 점령지구 근처였다. 이곳은 초모(招募: 의병이나 군인을 모으는 일)·선전·첩보 공작 활동은 물론 한·중 합작 게릴라전을 감행하기에 가장 적합한 곳이었다.

1944년에는 부양(阜陽)에서 군사 교육 훈련을 마친 한국광복군 간부훈련단의 1기 졸업생들과 함께 신송식 교관의 인솔 아래 광복군 총사령부가 있는 중경으로 가서 한국독립당에 가입하였다. 이후 임시정부 주석 사무실 비서 겸 선전부 선전원으로 활동하면서 1944년 임시정부요인들이 거주하던 토교에서 한필동 목사의 주례로 독립운동가 신송식과 결혼식을 올렸다. 그 뒤 해방을 맞아 가족과 함께 귀국하였으나 1962년 45세를 일기로 숨을 거두었다.

대한민국임시정부 환국기념(1945. 11. 3)
뒷줄 ○표한 이가 오희영 지사

38. 두려움 떨치고 조국의 부름에 나선
"조순옥"

조순옥(趙順玉, 1923. 9.17. ~ 1973. 4.23.) 지사는 부부독립운동가 조시원 (1963 독립장), 이순승(1990 애족장) 지사의 따님이다. 경기도 양주 출신인 조순옥 지사의 집안은 큰아버지 조소앙(1989 대한민국장) 선생을 비롯하여 용하(1977 독립장), 용주(1991 애국장), 용한(1990 애국장), 용제(1990 애족장) 선생 등 다수의 독립유공자를 배출한 집안이다. 어린 시절부터 자연스레 독립운동가 집안에서 성장한 조순옥 지사는 열일곱이 되던 해인 1940년 9월 17일 광복군이 창설됨에 따라 오광심·김정숙·지복영과 함께 여군으로 광복군에 입대하였다.

이에 앞서 대한민국임시정부는 1940년 9월 15일 중국 중경에서 광복군 총사령부를 설치하고, 17일 중경 가릉빈관에서 한국광복군총사령부 성립

전례식을 가졌다. 총사령관에는 이청천, 참모장은 이범석 장군이 맡았으며, 총사령부는 약 30여명 안팎으로 구성되었다.

남성들의 전유물인 광복군에 여성들이 지원할 수 있었던 것은 1919년 임시정부 수립 이후 한국 여성들이 국내외에서 남성 못지않은 전투력을 보여줬기 때문이다.

조순옥 지사

1940년 한국광복군 성립 전례식 기념사진.
네모 안에 4명은 여성 창설대원인 오광심 · 지복영 · 조순옥 · 민영주 광복군

일제강점기 여성운동의 지도자로 명성이 높았던 평북 의주 출신의 조신
성(1991년 애국장)은 조맹선을 단장으로 하는 대한독립청년단과 밀접한 관
계를 맺으며 평남 맹산군 선유봉 호랑이굴을 중심으로 항일무장활동을
앞장서서 이끌었다. 그는 남성 단원들을 이끌고 육혈포, 탄환, 다이너마
이트 등을 품고 생식을 하면서 단원들을 인솔했다.

그뿐만 아니라 평남 대동 출신의 안경신(1962년 독립장)은 1920년 8월 미
국의원단이 내한하자 국제여론 환기와 독립의욕을 드높이기 위해 평남
경찰국청사에 폭탄을 던져 세상을 놀라게 했고, 경북 영양 출생의 남자현
(1962년 대통령장)은 1932년 국제연맹조사단의 리튼경(卿)이 하얼빈에 왔
을 때 왼손 무명지를 끊어 조선독립원이라는 혈서를 쓰고 끊어진 손가락
마디를 함께 싸서 보내어 조국의 독립을 호소했다.

이처럼 조신성, 안경신, 남자현 등과 같이 적극적으로 민족운동을 펼쳤던 여성들과 국내외에서 항일운동단체를 조직하여 활동한 여성들의 활약은 남성들로 하여금 여성에 대한 인식을 새롭게 하는 계기가 되었다. 이러한 선배 여성들의 활약으로 한국광복군이 창설되었을 때 여성들에 대해서도 입대를 허락하였던 것이다.

여자광복군으로 조순옥, 오광심, 김정숙, 지복영, 민영주, 신순호, 오희영 등이 참여하였다. 여성들이 주로 맡은 업무는 사령부의 비서 사무 및 선전 사업 분야에서 활동하였다. 광복군은 창설 후 얼마 지나지 않아 서안(西安)으로 이동하게 되는데 서안에서는 1940년 10월부터 1942년 3월까지 있었으며 조순옥 지사도 서안에 배속되어 근무하였다.

광복군의 기본조직은 총사령부와 지대(支隊)로 이뤄졌다. 총사령부는 지휘부이고, 지대는 그 예하의 단위부대라고 할 수 있다. 지대의 부조직으로는 구대(區隊)가 있고, 구대의 하부조직에는 분대(分隊)가 있었다. 광복군의 조직은 총사령부 – 지대 – 구대 – 분대의 편제로 구성되어 있으며 이러한 조직체제는 처음부터 갖추어진 것이 아니라 먼저 총사령부를 구성하여 광복군을 창설하였고, 이후 조직 체제를 갖추어 갔다. 조순옥 지사는 1942년 광복군 제2지대 제1구대 2분대원으로 편입되어 항일독립운동을 전개하던 중 광복을 맞이하였다.

한편, 조순옥 지사 아버지 조시원(1904.10.23. ~ 1982.7.18.) 선생은 1928년 상해에서 한인청년동맹 상해지부 집행위원회 정치·문화부와 선전조직부 간부로 활동하였으며, 1930년에는 한국광복진선(韓國光復陣線)을 결성하였다. 1935년에는 조소앙·홍진 등과 함께 월간잡지《진광(震光)》을 펴내 항일의식을 높였다. 1939년 10월 3일에는 임시의정원 경기도 의원에 뽑혀 광복 때까지 의정활동에 참여하여 항일활동에 몸을 바쳤다. 1940년 5월에는 3당통합 운동에 적극 참여하여 한국독립당을 창당하여 그 중앙집행위원에 뽑혔다. 1940년 9월 17일에 한국광복군이 창설됨에 따라 광복군 총사령부 부관으로 임명되었으며 총사령부가 중경에서 서안으로 옮겨감에 따라 서안으로 가서 부관처장 대리로 일했다. 또한 임시정부 선전위원회의 위원을 겸직하기도 하였다. 1941년에는 전시하에 급격히 필요한 간부를 많이 길러내기 위하여 일정한 기간 교육훈련을 하는 군사교육기관인 중국 중앙전시간부훈련 제4단 특과총대학원대 한청반(中央戰時幹部訓練 第四團 特科總大學員隊韓青班)에서 안일청·한유한·송호성 등과 함께 군사교관으로서 전술, 역사, 정신교육을 담당하며 민족정신 앙양에 온 힘을 쏟았다. 1943년에는 광복군 총사령부 군법 실장(軍法室長)에 뽑혀 항일활동을 펼쳤으며, 광복군 정령(正領)으로 일했다.

※ 조순옥 지사 1990년 애국장, 아버지 조시원 지사 1963년 독립장

39. 여자광복군의 위상을 떨친
"박금녀"

박금녀(朴金女 1926.10.21. ~ 1992.7.28.) 지사는 경기도 양주군 의정부읍 민
락리 462(당시 주소)번지가 고향으로 광복군 제3지대에 입대하여 활동했
다. 박금녀 지사는 독립운동가인 박철규 지사의 외동딸로 아버지는 만보
산사건(萬寶山事件, 일제의 술책으로 조선인 농민과 중국인 농민이 벌인 유혈 사태)
으로 일본군에 피살된 후에 광복군 제3지대 1구대 본부 구호대(救護隊)에
입대하여 광복군의 길을 걸었다.

조국의 영예를 어깨에 메고
태극기 밑에서 뭉쳐진 우리
독립의 만세를 높이 부르며
나가자 광복군 제3지대

첩첩한 산악이 앞을 가리고
망망한 대양이 길을 막아도
무엇에 굴할소냐 주저할소냐
나가자 광복군 제3지대

굳세게 싸우자 피를 흘리며
총칼이 부러져도 열과 힘으로

원수의 무리를 소멸시키려
나가자 광복군 제3지대

이는 광복군 제3지대가(歌)로 장호강 작사 작곡이다. 광복군 제3지대는 지대장 김학규 장군 지휘 아래 중국 안휘성 부양에 있던 부대로 중국, 영국, 미국 연합군과 연계하여 본토 상륙작전을 위한 OSS 특수 훈련을 실시하면서 적이 점령한 주요 도시에 지하 공작원을 파견하던 최전방 부대로 조국 광복의 정열을 불태우며 부르도록 만든 노래다.

박금녀 지사도 훈련을 받으면서 이 노래를 부르며 조국 수호의 의지를 불태웠을 것이다. 박금녀 지사는 1945년 2월, 광복군 제3지대 1구대 본부 구호대에 입대하여 조국이 광복을 맞이할 때까지 대일투쟁에 헌신하였다. 대한민국임시정부는 대일항쟁을 위한 준비로 1940년 9월 17일 중경에서 한국광복군 총사령부를 창설하였다.

광복군은 창설 직후 총사령부와 3개지대를 편성하였으며 총사령부는 총사령 지청천, 참모장 이범석을 중심으로 구성되었고, 제1지대장 이준식, 제2지대장 공진원, 제3지대장 김학규 등이 임명되어 단위 부대 편제를 갖추었다.

총사령부는 약 30여 명 안팎의 인원으로 구성되었으며 초기에 여자광복군으로 입대한 사람은 오광심, 김정숙, 지복영, 조순옥, 민영주, 신순호 등이었다. 이들은 주로 사령부의 비서 사무 및 선전사업 분야에서 활동하였다.

광복군은 각지에 흩어져 활동하던 한인 항일군사조직을 흡수하여 통합하는 데에 힘을 쏟았다. 1941년 1월에 한국청년전지공작대가 편입되었으며, 1942년 7월에는 김원봉이 이끌던 조선의용대의 일부가 흡수되었다.

광복군 제3지대 성립 전례식(1945년 6월 30일, 중국 안휘성)

대한민국임시의정원 문서에 따르면 1945년 4월 당시 광복군의 총 병력 수는 339명이었으며, 같은 해 8월에는 700여 명으로 성장하였다. 광복군 가운데 2020년 3월 현재, 정부로부터 독립유공자로 포상을 받은 분은 남성이 536명이고 여성은 박금녀 지사를 포함하여 31명이다.

※ 박금녀 지사 1990년 애족장

40. 남자광복군과 어깨를 나란히 견준
"엄기선"

눈감고 있어도 볼 수 있습니다.

그리운 마음으로

맑아진 영혼으로....

어머니처럼

우리가 얼마나 삶에 최선을 다하는지

지켜봐 주세요.

사랑하셨던 이 나라와 이 땅과 하늘, 사람들,

그리고 가족들, 우리도 진실하게 사랑할게요.

정말 존경했습니다.

'내가 너를 사랑하여 불렀나니 너는 내 것이라(이사야 43:1)'

– 대전국립현충원 엄기선 묘비(애국지사 제2-1048) –

엄기선(嚴基善, 1929.1.21. ~ 2002. 12.9.) 지사는 경기도 여주군 금사면 주록리 90번지가 고향으로 대한민국임시정부에서 큰 활약을 한 부부독립운동가 엄항섭(1898 ~ 1962) 지사와 연미당(1908 ~ 1981)지사의 6남매(따님 네 분과 아드님 두 분) 가운데 큰따님이다.

엄기선 지사는 한국광복군(韓國光復軍)의 전신인 한국광복진선청년전지공작대(韓國光復陣線靑年戰地工作隊)에서 활동하였다. 이곳에서 한국인 병사 초모(招募: 의병이나 군인을 모으는 일) 작업과 연극, 무용 등을 통해 적국의 정보를 수집하는 일을 맡았다.

"중국에 있는 중학교 1학년에 다닐 때인데 하루는 선생님께서 한 사람 한 사람 일어나서 자기소개를 하라고 그러셨어요. 그래서 다들 중국의 어느 성에서 왔다, 강소성에서 왔다고 하는데 중국엔 28개성이 있거든요. 나는 한국사람인데 어떻게 이야기해야 하나, 그때 나이가 좀 들었으면 좋았을 텐데 1학년짜리라 궁리하다가 말을 못 했어요. 아버지가 뭘 하는 분이냐는 질문에 독립운동을 하신다는 말을 못하겠더라고요. 그리고 다시 고향이 어디냐고 자꾸 재촉해서 물어보는데 그때 저는 아무런 대답도 못하고 마구 통곡만 했던 생각이 나요."

엄기선 지사가 어린 시절을 회상하는 글을 읽고 있노라면 가슴이 찡하다. 어린 마음에 자신의 고향과 부모님에 대해 다른 중국인 아이들처럼 떳떳하게 대답 못하던 그 심정이 오죽했을까싶다.

1943년 2월 무렵부터는 중경의 대한민국임시정부 선전부장으로 활약하던 아버지 엄항섭 지사를 도와 중국쪽 방송을 통하여 임시정부의 활동상황과 중국 내 일본군의 만행을 동맹국과 국내 동포들에게 알리는 일에 힘썼다. 또한 중국 토교(土橋)의 깊은 산 계곡에 있는 수용소를 찾아가 일본군 포로 가운데 한국 국적을 가진 병사들을 위문하고, 일제의 패망을 예견하는 선전공작에 진력하는 등 광복을 맞이할 때까지 적극적인 독립운동을 펼쳤다.

엄기선 지사는 누구보다도 애국가에 대한 감회가 깊은 독립운동가다. 그는 임시정부가 중국 내 피난하던 시절 장사(長沙)에서 맞은 3·1만세운동대해 다음과 같이 회상했다.

학창시절의 엄기선 지사 앞줄 오른쪽 첫 번째

"삼일절만 되면 우리는 큰 회관을 빌려 기념식을 꼭 했어요. 식을 할 때 삼일절 노래도 부르고 애국가도 부르고, 어렸을 때 생각하니까, 어른들은 눈물을 펑펑 흘리며 삼일절 노래를 부르던 생각이 나요. (노래) 참 기쁘고나 삼월 하루, 독립의 빛이 비쳤구나. 금수강산이 새로웠고, 이천만 국민이 기뻐한다. 만세 만세 만만세, 우리 민국 우리 동포 만만세. 대한민국 독립 만만세라."

1995년 광복 50주년 되는 해 엄기선 지사는 66살의 나이로 3·1여성동지회 대전지회장을 역임할 때였는데 애국가 4절이 적힌 부채 1천 개를 제작하여 대전역 광장과 동양백화점 등에서 시민들에게 무료로 보급하는 행사를 가질 만큼 그의 애국가 사랑은 남달랐다.

"우리 국민들이 애국가 구절 중 가장 중요한 4절을 잘 모르는 것 같아 여름철에 필요한 부채에 애국가를 담아 보급하고 있다"고 설명하기도 했다.

엄기선 지사의 올케인 최화자(75살, 남동생 엄기남 선생의 부인) 회장(3·1동지회 대전지회장)을 만난 것은 2017년 4월 26일(수)이었다. 최화자 회장은 마침 이날 백범김구기념관 대회의실에서 열린 '3·1운동 98주년 기념 및 사단법인 3·1여성 동지회 창립 50주년 기념식'에 참석한 김에 필자를 만났다.

기념식 참석을 위해 집이 대전이라 일찌감치 서울로 올라오면서도 필자가 부탁한 엄기선 지사의 사진을 잊지 않고 고이 간직하여 갖다 주는 열의를 보였다. 누구보다도 엄기선 시누이에 대한 추억을 많이 간직하고 있는 최화자 회장은 엄기선 지사의 뒤를 이어 3·1동지회 대전지회장을 맡아 시누이가 못 다한 독립정신 선양에 앞장서고 있다.

※ 엄기선 지사 1993년 건국포장

엄기선 지사의 외할아버지 댁은 '4형제 독립운동가' 집안

엄기선 지사의 외할아버지 연병환(1878 ~ 1926) 지사는 충북 증평군의 '4형제 독립운동가'로 알려진 집안의 맏형이다. 연병환 지사는 경술국치에 통분하여 중국으로 망명하였는데, 일찍이 영국인들의 도움을 받아 영국에서 유학을 했고 1910년대 초반에는 연길 용정에서 세관원으로 근무하면서 독립운동가로 활동했다.

연병환 지사는 1919년 중국 길림성 용정에서 3·13만세운동을 후원하다 왜경에 붙잡혀 옥고를 치렀고 1920년 상해로 옮겨 대한인거류민단 단원으로 활동한 공로로 2008년 대통령 표창이 추서됐다. 중국에서 숨진 연병환 지사의 유해는 광복 뒤에도 고국으로 돌아오지 못하다가 2014년 11월 14일, 88년 만에 꿈에도 그리던 고국의 품 안으로 돌아와 국립대전현충원 지사 5묘역에 안장되었다.

한편 엄기선 지사의 작은 외할아버지 연병호(1894 ~ 1963) 지사는 국내에서 대한민국청년외교단을 조직하여 임시정부와의 연계 역할을 담당하였고, 임시의정원 의원으로 한국혁명당의 조직 및 신한독립당으로 통합 등 정당 활동을 통한 독립운동에 헌신하였다. 맏형인 연병환 지사와는 16살 차이로 형의 독립운동 활동에 큰 영향을 받은 연병호 지사는 1915년 경성기독교청년회관 영어과를 다니며 안재홍, 조용주 등과 교류하고, 조선 기독청년회, 조선인유학생학우회 등을 통해 민족현실을 논의하는 등 동지적 유대를 쌓아 나갔다.

엄기선 지사의 작은 외할아버지 연병호 지사는
독립운동 세력의 통합에 헌신한 분이다.

1920년 《독립신문》에 〈독립기념일의 말〉이라는 기고를 통해 투철한 독립정신과 강인한 실천을 주장하였다. 1922년 임시의정원 의원으로 활동하며 한인사회의 대동단결을 꾀하였고 청년운동을 활성화하는데 힘을 쏟았다. 이를 위해 상해에서 세계한인동맹회, 유호(상해)청년회, 시사책진회 등의 조직과 참여를 통하여 독립운동계의 난국을 타개하고자 노력하였다.

아울러 1923년에는 북경대학에 입학하여 중국 항일인사들과의 교류를 통해 한중연합체인 동서혁명위원회를 조직하고, 무장투쟁 노선에서 대일항전의 방략을 추진해 나갔다. 이러한 연장선에서 1925년 말 만주로 건너가 신민부에 참가하였고, 블라디보스톡에 있던 국제공산당 조직으로부터 군자금을 확보하는 일을 맡아 독립군 양성 계획을 적극 지원하였다.

1929년 무렵 연병호 지사는 남경으로 자리를 옮겨 한국혁명당 결성에 참가하였다. 1932년 한국광복동지회, 조선혁명당, 의열단, 한국독립당 등과 함께 한국대일전선통일동맹을 추진하였고, 만주의 한국독립당과 합당하여 신한독립당으로 통합, 발전시켰으며, 대당조직운동에 적극 참여하여 5개 정당을 통합한 민족혁명당을 창당하는 등 정당의 통합을 통한 독립운동에도 열정을 기울였다.

1933년 9월 충청도의원의 자격으로 다시 임시의정원에 참여하였던 연병호 지사는 1937년 초, 친일파인 상해거류조선인회장 저격사건으로 상해에서 체포되어 징역 8년을 받고 옥고를 치렀으며 30여 년간 일신의 안위를 돌보지 않고 독립운동세력의 조직과 통합에 헌신한 삶을 살았다. 정부에서는 고인의 공훈을 기려 1963년 건국훈장 독립장을 추서하였다.

〈부록 1〉 이달의 독립운동가(1992년 1월 1일 ~ 2020년 12월 31일)

연도	1월	2월	3월	4월	5월	6월	7월	8월	9월	10월	11월	12월
1992	김상옥	편강렬	손병희	윤봉길	이상룡	지청천	이상재	서 일	신규식	이봉창	이회영	나석주
1993	최익현	조만식	황병길	노백린	조명하	윤세주	나 철	남자현	이인영	이장녕	정인보	오동진
1994	이원록	임병찬	한용운	양기탁	신팔균	백정기	이 준	양세봉	안 무	조성환	김학규	남궁억
1995	김지섭	최팔용	이종일	민필호	이진무	장진홍	전수용	김 구	차이석	이강년	이진룡	조병세
1996	송종익	신채호	신석구	서재필	신익희	유일한	김하락	박상진	홍 진	정인승	전명운	정이형
1997	노응규	양기하	박준승	송병조	김창숙	김순애	김영란	박승환	이남규	김약연	정태진	남정각
1998	신언준	민긍호	백용성	황병학	김인전	이원대	김마리아	안희제	장도빈	홍범도	신돌석	이윤재
1999	이의준	송계백	유관순	박은식	이범석	이은찬	주시경	김홍일	양우조	안중근	강우규	김동식
2000	유인석	노태준	김병조	이동녕	양진여	이종건	김한종	홍범식	오성술	이범윤	장태수	김규식
2001	기삼연	윤세복	이승훈	유림	안규홍	나창헌	김승학	정정화	심 훈	유 근	민영환	이재명
2002	곽재기	한 훈	이필주	김 혁	송학선	민종식	안재홍	남상덕	고이허	고광순	신 숙	장건상
2003	김 호	김중건	유여대	이시영	문일평	김경천	채기중	권기옥	김태원	기산도	오강표	최양옥
2004	허 위	김병로	오세창	이 강	이애라	문양목	권인규	홍학순	최재형	조시원	장지연	오의선
2005	최용신	최석순	김복한	이동휘	한성수	김동삼	채응언	안창호	조소앙	김좌진	황 현	이상설
2006	유자명	이승희	신홍식	엄항섭	박차정	곽종석	강진원	박 열	현익철	김 철	송병선	이명하
2007	임치정	김광제 서상돈	권동진	손정도	조신성	이위종	구춘선	정환직	박시창	권득수	주기철	윤동주
2008	양한묵	문태수	장인환	김성숙	박재혁	김원식	안공근	유동열	윤희순	유동하	남상목	박동완

연도	1월	2월	3월	4월	5월	6월	7월	8월	9월	10월	11월	12월
2009	우재룡	김도연	홍병기	윤기섭	양근환	윤병구	박자혜	박찬익	이종희	안명근	장석천	계봉우
2010	방 한	민갓샹덕	차희식	염온동	오광심	김익상	이광민	이중언	권 준	최현배	심남일	백일규
2011	신현구	강기동	이종훈	조완구	어윤희	조병준	홍 언	이범진	나태섭	김규식	문석봉	김종진
2012	이 갑	김석진	홍원식	김대지	지복영	김법린	여 준	이만도	김동수	이희승	이석용	현정권
2013	이민화	한상렬	양전백	김봉준	차경신	김원국 김원범	헐버트	강영소	황학수	이성구	노병대	원심창
2014	김도현	구연영	전덕기	연병호	방순희	백초월	최중호	베 델	나월환	한 징	이경채	오면직
2015	황상규	이수흥	박인호	조지루 이스쇼	안경신	류인식	송헌주	연기우	이준식	이탁	이설	문창범
2016	조희제	한시대	스코필드	오영선	문창학	안승우	이신애	채광묵 채규대	나중소	나운규	이한응	최수봉
2017	이소응	이태준	권병덕	이상정	방정환	장덕준	조마리아	김수만	고운기	채상덕	이근주	김치보
2018	조지애쉬 모어피치	김규면	김원벽	윤현진	신건식 오건해	이대위	연미당	김교헌	최용덕	현천묵	조경환	유상근
2019	유관순	김마리아	손병희	안창호	김규식 김순애	한용운	이동휘	김구	지청천	안중근	박은식	윤봉길
2020	정용기	조지 새년 맥큔	김세환	오광선 정현숙	유찬희 유기문 유기석	임병극	강혜원	이석영	채원개	박영희	유도발 유신영	윤창하

* 별색은 여성독립운동가임.

〈부록 2〉 포상받은 여성독립운동가(1962년 ~ 2020년 3월 1일)

이름	한자	태어난날	숨진날	포상일	훈격	독립운동 계열
가네코 후미코	金子 文子	1903.1.25	1926.7.23	2018	애국장	일본방면
강경옥	姜敬玉	1851	1927.9.17	2019	건국포장	국내항일
강명순	姜明順	1904.12.14	모름	2019	대통령표창	국내항일
강사채	姜四采	1915.2.3	1999.11.24	2019	대통령표창	학생운동
강영파	姜英波	모름	모름	2019	애족장	임시정부
강원신	康元信	1887	1977	1995	애족장	미주방면
강의순	姜義順	1912	모름	2019	대통령표창	학생운동
강정순	姜貞順	1899	모름	2019	대통령표창	3·1운동
강주룡	姜周龍	1901	1932. 6.13	2007	애족장	국내항일
강지성	康至誠	1900.8.6	모름	2019	대통령표창	3·1운동
강평국	姜平國	1900.6.19	1933.8.12	2019	애족장	일본방면
강혜원	康蕙園	1886.11.21	1982. 5.31	1995	애국장	미주방면
강화선	康華善	1904.3.27	1979.10.16	2018	대통령표창	3·1운동
고수복	高壽福	1911	1933.7.28	2010	애족장	국내항일
고수선	高守善	1898. 8. 8	1989.8.11	1990	애족장	임시정부
고순례	高順禮	1911	모름	1995	건국포장	학생운동
고연홍	高蓮紅	1903	모름	2019	대통령표창	3.1운동
공백순	孔佰順	1919. 2. 4	1998.10.27	1998	건국포장	미주방면
곽낙원	郭樂園	1859. 2.26	1939. 4.26	1992	애국장	중국방면
곽영선	郭永善	1902.3.1	1980.4.8	2018	애족장	3·1운동
곽진근	郭鎭根	1861	모름	1995	대통령표창	3·1운동
곽희주	郭喜主	1903.10.2	모름	2012	대통령표창	학생운동
구명순	具命順	1900.3.26	1950.3.1	2019	대통령표창	3·1운동
구순화	具順和	1896. 7.10	1989. 7.31	1990	애족장	3·1운동
권기옥	權基玉	1903. 1.11	1988.4.19	1977	독립장	중국방면
권애라	權愛羅	1897. 2. 2	1973. 9.26	1990	애국장	3·1운동
권영복	權永福	1878.2.28	1965.4.4	2015	건국포장	미주방면
김건신	金健信	1868	모름	2018	대통령표창	국내항일

이름	한자	태어난날	숨진날	포상일	훈격	독립운동계열
김경순	金敬順	1900.5.3	모름	2016	대통령표창	3·1운동
김경신	金敬信	1861	모름	2018	대통령표창	국내항일
김경화	金敬和	1901.7.18	모름	2018	대통령표창	학생운동
김경희	金慶喜	1888	1919. 9.19	1995	애국장	국내항일
김계정	金桂正	1914.1.3	모름	2018	대통령표창	국내항일
김계향	金桂香	1909.12.8	모름	2019	대통령표창	학생운동
김공순	金恭順	1901. 8. 5	1988. 2. 4	1995	대통령표창	3·1운동
김귀남	金貴南	1904.11.17	1990. 1.13	1995	대통령표창	학생운동
김귀선	金貴先	1913.12.19	2005.1.26	1993	건국포장	학생운동
김금남	金錦南	1911.8.16	2000.11.4	1995	건국포장	학생운동
김금연	金錦嬿	1911.8.16	2000.11.4	1995	건국포장	학생운동
김나열	金羅烈	1907.4.16	2003.11.1	2012	대통령표창	학생운동
김나현	金羅賢	1902.3.23	1989.5.11	2005	대통령표창	3·1운동
김낙희	金樂希	1891	1967	2016	건국포장	미주방면
김난줄	金蘭茁	1904.6.1	1983.7.15	2015	대통령표창	3·1운동
김대순	金大順	1907	모름	2018	건국포장	미주방면
김덕세	金德世	1894.12.28	1977.5.5	2014	대통령표창	미주방면
김덕순	金德順	1901.8.8	1984.6.9	2008	대통령표창	3·1운동
김도연	金道演	1894.1.28.	1987.8.12	2016	건국포장	미주방면
김독실	金篤實	1897. 9.24	1944.11.3	2007	대통령표창	3·1운동
김동희	金東姬	1900.	모름	2019	대통령표창	학생운동
김두석	金斗石	1915.11.17	2004.1.7	1990	애족장	문화운동
김두채	金斗采	1912.10.18	1947.3.7	2019	대통령표창	애족장
김락	金洛	1863. 1.21	1929. 2.12	2001	애족장	3·1운동
김란사	金蘭史	1872.9.1	1919.3.10	1995	애족장	국내항일
김마리아	金馬利亞	1903.9.5	1970.12.25	1990	애국장	만주방면
김마리아	金瑪利亞	1892.6.18	1944.3.13	1962	독립장	국내항일
김마리아	金瑪利亞	1903.3.1	모름	2018	대통령표창	학생운동
김반수	金班守	1904. 9.19	2001.12.22	1992	대통령표창	3·1운동
김병인	金秉仁	1915.6.2	2012	2017	애족장	중국방면

이름	한자	태어난날	숨진날	포상일	훈격	독립운동 계열
김보원	金寶源	1888.3.11	1971.7.27	2019	대통령표창	국내항일
김복선	金福善	1901.7.27	모름	2015	대통령표창	3·1운동
김복희	金福熙	1903.10.20	1987.3.14	2019	대통령표창	3·1운동
김봉식	金鳳植	1915.10. 9	1969. 4.23	1990	애족장	광복군
김봉애	金奉愛	1901.11.18	모름	2015	대통령표창	3·1운동
김상녀	金上女	1912	모름	2019	대통령표창	학생운동
김석은	金錫恩	모름	모름	2018	대통령표창	미주방면
김성모	金聖姆	1891.3.24	1967.10.12	2019	대통령표창	국내항일
김성심	金誠心	1883	모름	2013	애족장	국내항일
김성일	金聖日	1898.2.17	1961	2010	대통령표창	3·1운동
김성재	金成才	1905.10.14	모름	2019	대통령표창	학생운동
김세지	金世智	1866	모름	2019	대통령표창	국내항일
김수현	金秀賢	1898.6.9	1985.3.25	2017	애족장	중국방면
김숙경	金淑卿	1886. 6.20	1930. 7.27	1995	애족장	만주방면
김숙영	金淑英	1920. 5.22	2005.12.13	1990	애족장	광복군
김숙현	金淑賢	1913	모름	2019	대통령표창	학생운동
김순도	金順道	1891	1928	1995	애족장	중국방면
김순실	金淳實	1903	모름	2018	대통령표창	3·1운동
김순애	金淳愛	1889. 5.12	1976. 5.17	1977	독립장	임시정부
김순이	金順伊	1903.7.18	1919.9.6	2014	애국장	3·1운동
김신희	金信熙	1899.4.16	1993.4.23	2010	대통령표창	3·1운동
김씨	金氏	1899	1919. 4.15	1991	애족장	3·1운동
김씨	金氏	1877.10.13	1919. 4.15	1991	애족장	3·1운동
김안순	金安淳	1900.3.24	1979.4.4	2011	대통령표창	3·1운동
김알렉산드라	金알렉산드라	1885.2.22	1918.9.16	2009	애국장	노령방면
김애련	金愛蓮	1906.8.30	1996.11.5	1992	대통령표창	3·1운동
김양선	金良善	1880	모름	2018	대통령표창	국내항일
김연실	金蓮實	1898.1.16	모름	2015	건국포장	미주방면
김영순	金英順	1892.12.17	1986.3.17	1990	애족장	국내항일
김영실	金英實	모름	1945.10	1990	애족장	광복군

이름	한자	태어난날	숨진날	포상일	훈격	독립운동계열
김오복	金五福	1897	모름	2018	대통령표창	국내항일
김옥련	金玉連	1907. 9. 2	2005.9.4	2003	건국포장	국내항일
김옥선	金玉仙	1923.12. 7	1996.4.25	1995	애족장	광복군
김옥실	金玉實	1906.11.18	1926.6.2	2012	대통령표창	학생운동
김온순	金溫順	1898.3.23	1968.1.31	1990	애족장	만주방면
김용복	金用福	1890	모름	2013	애족장	국내항일
김우락	金宇洛	1854	1933.4.14	2019	애족장	만주방면
김원경	金元慶	1898.11.13	1981.11.23	1990	애족장	임시정부
김윤경	金允經	1911. 6.23	1945.10.10	1990	애족장	임시정부
김응수	金應守	1901. 1.21	1979. 8.18	1995	대통령표창	3·1운동
김인애	金仁愛	1898.3.6	1970.11.20	2009	대통령표창	3·1운동
김자현	金慈賢	1905.8.24	모름	2019	대통령표창	학생운동
김자혜	金慈惠	1884.9.22	1961.11.22	2014	건국포장	미주방면
김점순	金点順	1861. 4.28	1941. 4.30	1995	대통령표창	국내항일
김정숙	金貞淑	1916. 1.25	2012.7.4	1990	애국장	광복군
김정옥	金貞玉	1920. 5. 2	1997.6.7	1995	애족장	광복군
김조이	金祚伊	1904.7.5	모름	2008	건국포장	국내항일
김종진	金鍾振	1903. 1.13	1962. 3.11	2001	애족장	3·1운동
김죽산	金竹山	1891	모름	2013	대통령표창	만주방면
김지형	金芝亨	1911	모름	2019	대통령표창	학생운동
김진현	金鎭賢	1909.5.18	모름	2019	대통령표창	학생운동
김추신	金秋信	1908	모름	2018	건국포장	국내항일
김치현	金致鉉	1897.10.10	1942.10. 9	2002	애족장	국내항일
김태복	金泰福	1886	1933.11.24	2010	건국포장	국내항일
김필수	金必壽	1905.4.21	1972.12.4	2010	애족장	국내항일
김필호	金弼浩	1903.8.29	모름	2019	대통령표창	3·1운동
김해중월	金海中月	모름	모름	2015	대통령표창	3·1운동
김향화	金香花	1897.7.16	모름	2009	대통령표창	3·1운동
김현경	金賢敬	1897. 6.20	1986.8.15	1998	건국포장	3·1운동
김화순	金華順	1894.9.21	모름	2016	대통령표창	3·1운동

이름	한자	태어난날	숨진날	포상일	훈격	독립운동계열
김화용	金花容	모름	모름	2015	대통령표창	3·1운동
김화자	金花子	1897	모름	2018	대통령표창	국내항일
김효숙	金孝淑	1915. 2.11	2003.3.24	1990	애국장	광복군
김효순	金孝順	1902.7.23	모름	2015	대통령표창	3·1운동
남남덕	南男德	1911	모름	2019	대통령표창♪	국내항일
나은주	羅恩周	1890. 2.17	1978. 1. 4	1990	애족장	3·1운동
남영실	南英實	1913.1.16	모름	2019	대통령표창	국내항일
남윤희	南潤姬	1912	모름	2019	대통령표창	학생운동
남인희	南仁熙	1914.7.7	모름	2019	대통령표창	국내항일
남자현	南慈賢	1872.12.7	1933.8.22	1962	대통령장	만주방면
남협협	南俠俠	1913	모름	2013	건국포장	학생운동
노보배	盧寶培	1910	모름	2018	대통령표창	학생운동
노순경	盧順敬	1902.11.10	1979. 3. 5	1995	대통령표창	3·1운동
노영재	盧英哉	1895. 7.10	1991.11.10	1990	애국장	중국방면
노예달	盧禮達	1900.10.12	모름	2014	대통령표창	3·1운동
동풍신	董豊信	1904	1921.3.15	1991	애국장	3·1운동
두쥔훼이	杜君慧	1904	1981	2016	애족장	독립운동지원
문또라		1877	모름	2019	건국포장	미주방면
문복금	文卜今	1905.12.13	1937. 5.22	1993	건국포장	학생운동
문복숙	文福淑	1901. 3. 8	모름	2018	대통령표창	3·1운동
문봉식	文鳳植	1913	모름	2019	대통령표창	학생운동
문응순	文應淳	1900.12.4	모름	2010	건국포장	3·1운동
문재민	文載敏	1903. 7.14	1925.12.	1998	애족장	3·1운동
미네르바구타펠	M.L.Guthapfel	1873	1942	2015	건국포장	미주방면
민금봉	閔今奉	1913.1.7	모름	2019	대통령표창	학생운동
민부영	閔富寧	1913	모름	2019	대통령표창	학생운동
민영숙	閔泳淑	1920.12.27	1989.3.17	1990	애국장	광복군
민영주	閔泳珠	1923.8.15	생존	1990	애국장	광복군
민옥금	閔玉錦	1905. 9. 5	1988.12.25	1990	애족장	3·1운동
민인숙	閔仁淑	1912	모름	2019	대통령표창	학생운동

이름	한자	태어난날	숨진날	포상일	훈격	독립운동 계열
민임순	閔任順	1913	모름	2019	대통령표창	학생운동
민함나		모름	1952.9.4	2019	애족장	미주방면
박계남	朴繼男	1910. 4.25	1980. 4.27	1993	건국포장	학생운동
박계월	朴桂月	1909.5.12	1997.5.2	2019	대통령표창	학생운동
박금녀	朴金女	1926.10.21	1992.7.28	1990	애족장	광복군
박금덕	朴金德	1912	모름	2019	대통령표창	학생운동
박금숙	朴錦淑	1915	모름	2019	대통령표창	학생운동
박금우	朴錦友	모름	모름	2019	애족장	미주방면
박기옥	朴己玉	1913.10.25	1947.6.2	2019	대통령표창	학생운동
박기은	朴基恩	1925. 6.15	2017.1.7	1990	애족장	광복군
박덕실	朴德實	1901.3.4	1971.3.1	2018	대통령표창	국내항일
박복술	朴福述	1903.8.30	모름	2012	대통령표창	학생운동
박선봉	朴先奉	1910	모름	2019	대통령표창	학생운동
박성순	朴聖淳	1901.4.12	모름	2016	대통령표창	3·1운동
박성희		1911	모름	2018	대통령표창	3.1운동
박순애	朴順愛	1900.2.2	모름	2014	대통령표창	3·1운동
박승일	朴星鎰	1896.9.19	모름	2013	애족장	국내항일
박시연	朴時淵	모름	모름	2018	애족장	3·1운동
박신애	朴信愛	1889. 6.21	1979. 4.27	1997	애족장	미주방면
박신원	朴信元	1872	1946. 5.21	1997	건국포장	만주방면
박애순	朴愛順	1896.12.23	1969. 6.12	1990	애족장	3·1운동
박양순	朴良順	1903.4.13	모름	2018	대통령표창	학생운동
박연이	朴連伊	1900.2.20	1945.4.7	2015	대통령표창	3·1운동
박영숙	朴永淑	1891.7.20	1965	2017	건국포장	미주방면
박옥련	朴玉連	1914.12.12	2004.11.21	1990	애족장	학생운동
박우말례	朴又末禮	1902.3.13	1986.12.7	2011	대통령표창	3·1운동
박원경	朴源炅	1901.8.19	1983.8.5	2008	애족장	3·1운동
박원희	朴元熙	1898.3.10	1928.1.15	2000	애족장	국내항일
박유복	朴有福	1869.9.10	1919.4.2	1995	애국장	3·1운동
박은감	朴恩感	1857	모름	2018	대통령표창	국내항일

이름	한자	태어난날	숨진날	포상일	훈격	독립운동 계열
박음전	朴陰田	1907.4.14	모름	2012	대통령표창	학생운동
박자선	朴慈善	1880.10.27	모름	2010	애족장	3·1운동
박자혜	朴慈惠	1895.12.11	1944.10.16	1990	애족장	국내항일
박재복	朴在福	1918.1.28	1998.7.18	2006	애족장	국내항일
박정금		모름	모름	2018	애족장	미주방면
박정선	朴貞善	1874	모름	2007	애족장	국내항일
박정수	朴貞守	1901.3.8	모름	2015	대통령표창	3·1운동
박차정	朴次貞	1910. 5. 7	1944. 5.27	1995	독립장	중국방면
박채희	朴采熙	1913.7.5	1947.12.1	2013	건국포장	학생운동
박치은	朴致恩	1886. 6.17	1954.12. 4	1990	애족장	국내항일
박하경	朴夏卿	1904.12.29	모름	2018	대통령표창	학생운동
박현숙	朴賢淑	1896.10.17	1980.12.31	1990	애국장	국내항일
박현숙	朴賢淑	1914.3.28	1981.1.23	1990	애족장	학생운동
방순희	方順熙	1904.1.30	1979.5.4	1963	독립장	임시정부
백신영	白信永	1889.7.8	모름	1990	애족장	국내항일
백옥순	白玉順	1913.7.30	2008.5.24	1990	애족장	광복군
백운옥	白雲玉	1892.1.14	모름	2017	대통령표창	국내항일
부덕량	夫德良	1911.11.5	1939.10.4	2005	건국포장	국내항일
부춘화	夫春花	1908. 4. 6	1995. 2.24	2003	건국포장	국내항일
서귀덕	徐貴德	1913.6.16	1969.3.6	2020	대통령표창	학생운동
성혜자	成惠子	1904.8.27	모름	2018	대통령표창	학생운동
소은명	邵恩明	1905.6.12	모름	2018	대통령표창	학생운동
소은숙	邵恩淑	1903.11.7	모름	2018	대통령표창	학생운동
손경희	孫慶喜	1912	모름	2019	대통령표창	학생운동
손영선	孫永善	1902.3.3	모름	2019	대통령표창	학생운동
송계월	宋桂月	1912.12.10	1933.5.31	2019	건국포장	학생운동
송금희	宋錦姬	모름	모름	2015	대통령표창	3·1운동
송명진	宋明進	1902.1.28	모름	2015	대통령표창	3·1운동
송미령	宋美齡	1897.3.5	2003.10.23	1966	대한민국장	독립운동 지원
송성겸	宋聖謙	1877	모름	2018	건국포장	국내항일

이름	한자	태어난날	숨진날	포상일	훈격	독립운동 계열
송수은	宋受恩	1882.9.12	1922.7.5	2013	대통령표창	국내항일
송영집	宋永潗	1910. 4. 1	1984.5.14	1990	애국장	광복군
송정헌	宋靜軒	1919.1.28	2010.3.22	1990	애족장	중국방면
신경애	申敬愛	1907.9.22	1964.5.13	2008	건국포장	국내항일
신관빈	申寬彬	1885.10.4	모름	2011	애족장	3·1운동
신마실라	申麻實羅	1892.2.18	1965.4.1	2015	대통령표창	미주방면
신분금	申分今	1886.5.21	모름	2007	대통령표창	3·1운동
신순호	申順浩	1922. 1.22	2009.7.30	1990	애국장	광복군
신애숙	申愛淑	1910	모름		대통령표창	학생운동
신의경	辛義敬	1898. 2.21	1997.8.11	1990	애족장	국내항일
신일근	辛一槿	1913	모름	2019	대통령표창	학생운동
신정균	申貞均	1899	1931.7	2007	건국포장	국내항일
신정숙	申貞淑	1910. 5.12	1997.7.8	1990	애국장	광복군
신정완	申貞婉	1916. 4. 8	2001.4.29	1990	애국장	임시정부
신준관	申俊寬	1913	모름	2019	대통령표창	학생운동
신창희	申昌喜	1906.2.22	1990.6.21	2018	건국포장	중국방면
신특실	申特實	1900.3.17	모름	2014	건국포장	3·1운동
심계월	沈桂月	1916.1.6	모름	2010	애족장	국내항일
심상순	沈相順	1911	모름	2019	대통령표창	학생운동
심순의	沈順義	1903.11.13	모름	1992	대통령표창	3·1운동
심영식	沈永植	1896.7.15	1983.11.7	1990	애족장	3·1운동
심영신	沈永信	1882.7.20	1975. 2.16	1997	애국장	미주방면
안갑남	安甲男	1901.8.7	1992.8.28	2019	대통령표창	학생운동
안경신	安敬信	1888.7.22	모름	1962	독립장	만주방면
안맥결	安麥結	1901.1.4	1976.1.14	2018	건국포장	국내항일
안애자	安愛慈	1869	모름	2006	애족장	국내항일
안영희	安英姬	1925.1.4	1999.8.27	1990	애국장	광복군
안옥자	安玉子	1902.10.26	모름	2018	대통령표창	학생운동
안인대	安仁大	1898.10.11	모름	2017	애족장	국내항일
안정석	安貞錫	1883.9.13	모름	1990	애족장	국내항일

이름	한자	태어난날	숨진날	포상일	훈격	독립운동 계열
안혜순	安惠順	1903.1.6	2006.4.15	2019	건국포장	중국방면
안희경	安喜敬	1902.8.10	모름	2018	대통령표창	학생운동
양방매	梁芳梅	1890.8.18	1986.11.15	2005	건국포장	의병
양순희	梁順喜	1901.9.9	모름	2016	대통령표창	3·1운동
양애심	梁愛心	모름	1990	2019	대통령표창	국내항일
양제현	梁齊賢	1892	1959.6.15	2015	애족장	미주방면
양진실	梁眞實	1875	1924.5	2012	애족장	국내항일
양태원	楊泰元	1904.8.29	모름	2019	대통령표창	3·1운동
양학녀	梁鶴女	1912	모름	2019	대통령표창	학생운동
어윤희	魚允姬	1880. 6.20	1961.11.18	1995	애족장	3·1운동
엄기선	嚴基善	1929. 1.21	2002.12.9	1993	건국포장	중국방면
연미당	延薇堂	1908. 7.15	1981.1.1	1990	애국장	중국방면
오건해	吳健海	1894.2.29	1963.12.25	2017	애족장	중국방면
오광심	吳光心	1910. 3.15	1976. 4. 7	1977	독립장	광복군
오수남	吳壽男	1910	모름	2019	대통령표창	학생운동
오신도	吳信道	1852.4.18	1933.9.5	2006	애족장	국내항일
오영선	吳英善	1887.4.29	1961.2.8	2016	애족장	중국방면
오정화	吳貞嬅	1899.1.25	1974.11.1	2001	대통령표창	3·1운동
오항선	吳恒善	1910.10. 3	2006.8.5	1990	애국장	만주방면
오형만	吳亨萬	1913	모름	2019	대통령표창	학생운동
오희영	吳姬英	1924.4.23	1969.2.17	1990	애족장	광복군
오희옥	吳姬玉	1926.5.7	생존	1990	애족장	중국방면
옥순영	玉淳永	1856	모름	2018	대통령표창	국내항일
옥운경	玉雲瓊	1904.6.24	모름	2010	대통령표창	3·1운동
왕경애	王敬愛	1863	모름	2006	대통령표창	3·1운동
왕종순	王宗順	1905.11.18	1994.3.13	2019	대통령표창	학생운동
유경술	兪庚戌	1911	모름	2019	대통령표창	학생운동
유관순	柳寬順	1902.12.16	1920.9.28	1962	독립장	3·1운동
유순덕	劉順德	1913	모름	2019	대통령표창	학생운동
유순희	劉順姬	1926.7.15	생존	1995	애족장	광복군

이름	한자	태어난날	숨진날	포상일	훈격	독립운동계열
유예도	柳禮道	1896.8.15	1989.3.25	1990	애족장	3·1운동
유인경	兪仁卿	1896.10.20	1944.3.2	1990	애족장	국내항일
유점선	劉點善	1901.11.5	모름	2014	대통령표창	3·1운동
윤경열	尹敬烈	1918.2.29	1980.2.7	1982	대통령표창	광복군
윤경옥	尹璟玉	1902.11.27	모름	2019	대통령표창	학생운동
윤마리아	尹馬利亞	1909.6.28	1973.3.20	2019	대통령표창	학생운동
윤복순	尹福順	1911	모름	2019	대통령표창	학생운동
윤선녀	尹仙女	1911. 4.18	1994.12.6	1990	애족장	국내항일
윤순희	尹順嬉	1912	모름	2019	대통령표창	학생운동
윤악이	尹岳伊	1897.4.17	1962.2.26	2007	대통령표창	3·1운동
윤오례	尹五禮	1913.2.12	1992.4.21	2018	대통령표창	학생운동
윤옥분	尹玉粉	1913.12.1	모름	2019	대통령표창ㄷ	학생운동
윤용자	尹龍慈	1890.4.30	1964.2.3	2017	애족장	중국방면
윤을희	尹乙姬	1911	모름	2019	대통령표창	학생운동
윤찬복	尹贊福	1868.1.5	1946.6.19	1990	애족장	국내항일
윤천녀	尹天女	1908. 5.29	1967. 6.25	1990	애족장	학생운동
윤형숙	尹亨淑	1900.9.13	1950. 9.28	2004	건국포장	3·1운동
윤희순	尹熙順	1860.6.25	1935. 8. 1	1990	애족장	의병
이갑문	李甲文	1913.8.28	모름	2018	건국포장	학생운동
이갑술	李甲述	1906	모름	2019	대통령표창	학생운동
이겸양	李謙良	1895.10.24	모름	2013	애족장	국내항일
이경희	李敬希	1907	모름	2019	대통령표창	학생운동
이계원	李癸媛	1906	모름	2019	대통령표창	학생운동
이고명	李高命	1905	모름	2019	건국포장	국내항일
이관옥	李觀沃	1875	모름	2018	대통령표창	학생운동
이광춘	李光春	1914.9.8	2010.4.12	1996	건국포장	학생운동
이국영	李國英	1921. 1.15	1956. 2. 2	1990	애족장	임시정부
이금복	李今福	1912.11.8	2010.4.25	2008	대통령표창	국내항일
이남규	李南奎	1903.2.15	모름	2019	대통령표창	학생운동
이남숙	李南淑	1903.6.17	모름	2019	대통령표창	3·1운동

이름	한자	태어난날	숨진날	포상일	훈격	독립운동 계열
이남순	李南順	1904.12.30	모름	2012	대통령표창	학생운동
이다애	李多愛	1904.12.30	모름	2019	대통령표창	학생운동
이도신	李道信	1902.2.21	1925.9.30	2015	대통령표창	3·1운동
이동화	李東華	1910	모름	2018	대통령표창	학생운동
이명시	李明施	1902.2.2	1974.7.7	2010	대통령표창	3·1운동
이벽도	李碧桃	1903.10.14	모름	2010	대통령표창	3·1운동
이병희	李丙禧	1918.1.14	2012.8.2	1996	애족장	국내항일
이봉금	李奉錦	1903.12.3	1971.7.5	2019	대통령표창	3.1운동
이부성	李斧星	1908	모름	2019	대통령표창	학생운동
이살눔 (이경덕)	李살눔	1886. 8. 7	1948. 8.13	1992	대통령표창	3·1운동
이석담	李石潭	1859	1930. 5	1991	애족장	국내항일
이선경	李善卿	1902.5.25	1921.4.21	2012	애국장	국내항일
이선희	李善希	1896.11.17	1926.3.6	2010	대통령표창	3·1운동
이성례	李聖禮	1884	1963	2015	건국포장	미주방면
이성실	李誠實	1894.4.3	모름	2019	대통령표창	국내항일
이성완	李誠完	1900.12.10	1996.4.4	1990	애족장	국내항일
이소선	李小先	1900.9.9	모름	2008	대통령표창	3·1운동
이소열	李小烈	1898.8.10	1968.10.15	2018	대통령표창	3·1운동
이소제	李少悌	1875.11. 7	1919. 4. 1	1991	애국장	3·1운동
이소희	李昭姬	1886	모름	2016	대통령표창	3·1운동
이송죽	李松竹	1910	모름	2019	대통령표창	학생운동
이수복	李壽福	1911	모름	2019	대통령표창	학생운동
이수희	李壽喜	1904.10.21	모름	2018	대통령표창	학생운동
이숙진	李淑珍	1900.9.24	모름	2017	애족장	중국방면
이순	李 順	1913.9.1	1991.11.21	2019	대통령표창	학생운동
이순길	李順吉	1891.3.15	1958.1.7	2019	대통령표창	국내항일
이순승	李順承	1902.11.12	1994.1.15	1990	애족장	중국방면
이순옥	李順玉	1913.3.18	모름	2019	대통령표창	국내항일
이신애	李信愛	1891.1.20	1982.9.27	1963	독립장	국내항일
이신천	李信天	1903.3.24	모름	2019	대통령표창	학생운동

이름	한자	태어난날	숨진날	포상일	훈격	독립운동 계열
이아수	李娥洙	1898. 7.16	1968. 9.11	2005	대통령표창	3·1운동
이애라	李愛羅	1894.1.7	1922.9.4	1962	독립장	만주방면
이영신	李英信	1908	모름	2019	대통령표창	학생운동
이영희	李英嬉	1912	모름	2019	대통령표창	학생운동
이옥진	李玉珍	1923.10.18	2003.9.4	1968	대통령표창	광복군
이용녀	李龍女	1904.12.28	모름	2019	대통령표창	학생운동
이월봉	李月峰	1915.2.15	1977.10.28	1990	애족장	광복군
이은숙	李恩淑	1889.8.8	1979.12.11	2018	애족장	만주방면
이의순	李義樺	1895	1945. 5. 8	1995	애국장	중국방면
이인순	李仁樺	1893	1919.11	1995	애족장	만주방면
이정숙	李貞淑	1896.3.9	1950.7.22	1990	애족장	국내항일
이정숙	李貞淑	1898	1942	2019	애족장	중국방면
이정현	李貞賢	1909.12.24	1990.3.26	2020	대통령표창	국내항일
이충신	李忠信	1911	모름	2019	대통령표창	학생운동
이태옥	李泰玉	1902.10.15	모름	2016	대통령표창	3·1운동
이헌경	李憲卿	1870	1956.1.30	2017	애족장	중국방면
이혜경	李惠卿	1889.2.22	1968.2.10	1990	애족장	국내항일
이혜근	李惠根	모름	모름	2019	애족장	노령망면
이혜련	李惠鍊	1884.4.21	1969.4.21	2008	애족장	미주방면
이혜수	李惠受	1891.10.2	1961. 2. 7	1990	애국장	의열투쟁
이화숙	李華淑	1893	1978	1995	애족장	임시정부
이효덕	李孝德	1895.1.24	1978.9.15	1992	대통령표창	3·1운동
이효정	李孝貞	1913.7.28	2010.8.14	2006	건국포장	국내항일
이희경	李희경	1894. 1. 8	1947. 6.26	2002	건국포장	미주방면
임경애	林敬愛	1911.3.10	2004.2.12	2014	대통령표창	학생운동
임메불	林메불	1886	모름	2016	애족장	미주방면
임명애	林明愛	1886.3.25	1938.8.28	1990	애족장	3·1운동
임배세	林培世	1897.11.7	1999.12.15	2020	대통령표창	미주방면
임봉선	林鳳善	1897.10.10	1923. 2.10	1990	애족장	3·1운동
임성실	林成實	1882.7.19	1947.8.30	2015	건국포장	미주방면

이름	한자	태어난날	숨진날	포상일	훈격	독립운동 계열
임소녀	林少女	1908. 9.24	1971.7.9	1990	애족장	광복군
임수명	任壽命	1894.2.15	1924.11.2	1990	애국장	의열투쟁
임진실	林眞實	1899.8.1	모름	2015	대통령표창	3·1운동
장경례	張慶禮	1913. 4. 6	1998.2.19	1990	애족장	학생운동
장경숙	張京淑	1903. 5.13	1994.12.31	1990	애족장	광복군
장매성	張梅性	1911.6.22	1993.12.14	1990	애족장	학생운동
장상림	張相林	1913	모름	2019	대통령표창	학생운동
장선희	張善禧	1894. 2.19	1970. 8.28	1990	애족장	국내항일
장성심	張成心	1906.11.26	1981.12.20	2019	대통령표창	국내항일
장태화	張泰嬅	1878	모름	2013	애족장	만주방면
전금옥	全金玉	1914	모름	2019	대통령표창	국내항일
전수산	田壽山	1894. 5.23	1969. 6.19	2002	건국포장	미주방면
전어진	全於眞	1911	모름	2019	대통령표창	학생운동
전연봉	全蓮峯	1912.10.21	모름	2019	대통령표창	학생운동
전월순	全月順	1923. 2. 6	2009.5.25	1990	애족장	광복군
전창신	全昌信	1900. 1.24	1985. 3.15	1992	대통령표창	3·1운동
전흥순	田興順	1919.12.10	2005.6.19	1963	대통령표창	광복군
정귀완	鄭貴浣	1913	모름	2019	대통령표창	학생운동
정금자	鄭錦子	모름	모름	2018	대통령표창	학생운동
정남이	鄭南伊	1912	모름	2019	대통령표창	학생운동
정막래	丁莫來	1899.9.8	1976.12.24	2008	대통령표창	3·1운동
정복수	鄭福壽	1903	모름	2018	대통령표창	3·1운동
정수현	鄭壽賢	1887	모름	2016	대통령표창	국내항일
정영	鄭瑛	1922.10.11	2009.5.24	1990	애족장	중국방면
정영순	鄭英淳	1921. 9.15	2002.12.9	1990	애족장	광복군
정월라	鄭月羅	1895	1959.1.1	2018	대통령표창	미주방면
정정화	鄭靖和	1900. 8. 3	1991.11.2	1990	애족장	중국방면
정종명	鄭鍾鳴	1896.3.5.	모름	2018	애국장	국내항일
정찬성	鄭燦成	1886. 4.23	1951.7	1995	애족장	국내항일
정태이	鄭泰伊	1902	모름	2019	대통령표창	학생운동

이름	한자	태어난날	숨진날	포상일	훈격	독립운동계열
정현숙	鄭賢淑	1900. 3.13	1992. 8. 3	1995	애족장	중국방면
제영순	諸英淳	1911	모름	2018	건국포장	국내항일
조계림	趙桂林	1925.10.10	1965.7.14	1996	애족장	임시정부
조마리아	趙마리아	1862.4.8	1927.7.15	2008	애족장	중국방면
조복금	趙福今	1911.7.7	모름	2018	애족장	국내항일
조순옥	趙順玉	1923. 9.17	1973. 4.23	1990	애국장	광복군
조신성	趙信聖	1873	1953.5.5	1991	애국장	국내항일
조아라	曺亞羅	1912.3.28	2003.7.8	2018	건국포장	국내항일
조애실	趙愛實	1920.11.17	1998.1.7	1990	애족장	국내항일
조옥희	曺玉姬	1901. 3.15	1971.11.30	2003	대통령표창	3·1운동
조용제	趙鏞濟	1898. 9.14	1947. 3.10	1990	애족장	중국방면
조인애	曺仁愛	1883.11. 6	1961. 8. 1	1992	대통령표창	3·1운동
조종옥	趙終玉	1912.7.14	모름	2019	대통령표창	학생운동
조충성	曺忠誠	1895.5.29	1981.10.25	2005	대통령표창	3·1운동
조화벽	趙和璧	1895.10.17	1975. 9. 3	1990	애족장	3·1운동
주말순	朱末順	1915.2.13	2000.3.16	2019	대통령표창	학생운동
주세죽	朱世竹	1899.6.7	1950	2007	애족장	국내항일
주순이	朱順伊	1900.6.17	1975.4.5	2009	대통령표창	국내항일
주유금	朱有今	1905.5.6	1995.9.14	2012	대통령표창	학생운동
지복영	池復榮	1920.4.11	2007.4.18	1990	애국장	광복군
지은원	池恩源	1904.8.9	모름	2019	대통령표창	학생운동
진신애	陳信愛	1900.7. 3	1930.2.23	1990	애족장	3·1운동
차경신	車敬信	1892.2.4	1978.9.28	1993	애국장	만주방면
차미리사	車美理士	1880. 8.21	1955. 6. 1	2002	애족장	국내항일
차보석	車寶錫	1892	1932.3.21	2016	애족장	미주방면
차은애	車恩愛	1914	모름	2019	대통령표창	학생운동
차인재	車仁載	1895.4.26	1971.4.7	2018	애족장	미주방면
채애요라 (채혜수)	蔡愛堯羅	1897.11.9	1978.12.17	2008	대통령표창	3·1운동
천소악	千小岳	1913	모름	2019	대통령표창	학생운동
최갑순	崔甲順	1898. 5.11	1990.11.22	1990	애족장	국내항일

이름	한자	태어난날	숨진날	포상일	훈격	독립운동계열
최금봉	崔錦鳳	1896. 5. 6	1983.11.7	1990	애국장	국내항일
최금수	崔金洙	1899	모름	2018	대통령표창	3·1운동
최덕임	崔德姙	1912	모름	2019	대통령표창	학생운동
최문순	崔文順	1903	모름	2018	대통령표창	국내항일
최복길	崔福吉	1894	모름	2018	애족장	국내항일
최복순	崔福順	1911.1.13	모름	2014	대통령표창	학생운동
최봉선	崔鳳善	1904.8.10	1996.3.8	1992	애족장	국내항일
최서경	崔曙卿	1902.3.20	1955.7.16	1995	애족장	임시정부
최선화	崔善嬅	1911.6.20	2003.4.19	1991	애국장	임시정부
최성반	崔聖盤	1914.12.22	모름	2018	대통령표창	학생운동
최수향	崔秀香	1903.1.27	1984.7.25	1990	애족장	3·1운동
최순덕	崔順德	1897	1926. 8.25	1995	애족장	국내항일
최애경	崔愛敬	1902	모름	2018	대통령표창	3·1운동
최영보	崔永保	1899.2.28	모름	2019	애족장	국내항일
최예근	崔禮根	1924. 8.17	2011.10.5	1990	애족장	만주방면
최요한나	崔堯漢羅	1900.8.3	1950.8.6	1999	대통령표창	3·1운동
최용신	崔容信	1909. 8.12	1935. 1.23	1995	애족장	국내항일
최윤숙	崔允淑	1912.9.22	2000.6.17	2017	대통령표창	학생운동
최은전	崔殷田	1913	모름	2018	대통령표창	학생운동
최은희	崔恩喜	1904.11.21	1984. 8.17	1992	애족장	3·1운동
최이옥	崔伊玉	1926. 6.16	1990.7.12	1990	애족장	광복군
최정숙	崔貞淑	1902. 2.10	1977.2.22	1993	대통령표창	3·1운동
최정철	崔貞徹	1853.6.26	1919.4.1	1995	애국장	3·1운동
최현수	崔賢守	1911.12.24	모름	2019	대통령표창	학생운동
최형록	崔亨祿	1895. 2.20	1968. 2.18	1996	애족장	임시정부
최혜순	崔惠淳	1900.9.2	1976.1.16	2010	애족장	임시정부
탁명숙	卓明淑	1900.12.4	1972.10.24	2013	건국포장	3·1운동
하상기	何尙祺	1921	모름	2020	건국포장	독립운동지원
하영자	河永子	1903. 6.27	1993.10.1	1996	대통령표창	3·1운동
한덕균	韓德均	1896	모름	2018	대통령표창	국내항일

이름	한자	태어난날	숨진날	포상일	훈격	독립운동 계열
한도신	韓道信	1895.7.5	1986.2.19	2018	애족장	중국방면
한독신	韓篤信	1891.8.23	모름	2019	대통령표창	국내항일
한보심	韓寶心	1912.1.12	1988.7.24	2019	대통령표창	학생운동
한성선	韓成善	1864.4.29	1950.1.4	2015	애족장	미주방면
한연순	韓連順	1898.12.26	모름	2019	대통령표창	3·1운동
한영신	韓永信	1887.7.22	1969.2.20	1995	애족장	국내항일
한영애	韓永愛	1920.9.9	2002.2.1	1990	애족장	광복군
한이순	韓二順	1906.11.14	1980.1.31	1990	애족장	3·1운동
함애주	咸愛主	1913	모름	2019	대통령표창	학생운동
함연춘	咸鍊春	1901.4.8	1974.5.25	2010	대통령표창	3·1운동
함용환	咸用煥	1895.3.10	모름	2014	애족장	국내항일
허은	許銀	1909.5.9	1997.5.19	2018	애족장	만주방면
현덕신	玄德信	1896.1.12	1962.11.27	2020	건국포장	국내항일
현도명	玄道明	1875	모름	2018	대통령표창	국내항일
현호옥	玄好玉	1913.5.5	1986.9.28	2019	애족장	일본방면
홍금자	洪金子	1912	모름	2019	대통령표창	학생운동
홍매영	洪梅英	1913.5.15	1979.5.6	2018	건국포장	중국방면
홍순남	洪順南	1902.6.13	모름	2016	대통령표창	3·1운동
홍승애	洪承愛	1901.6.29	1978.11.17	2018	대통령표창	3·1운동
홍씨	韓鳳周妻	모름	1919.3.3	2002	애국장	3·1운동
홍애시덕	洪愛施德	1892.3.20	1975.10.8	1990	애족장	국내항일
홍옥인	洪玉仁	1909	모름	2019	대통령표창	학생운동
황금순	黃金順	1902.10.15	1964.10.20	2015	애족장	3·1운동
황마리아	黃마리아	1865	1937.8.5	2017	애족장	미주방면
황보옥	黃寶玉	1872	모름	2012	대통령표창	국내항일
황애시덕	黃愛施德	1892.4.19	1971.8.24	1990	애국장	국내항일
황혜수	黃惠壽	1877.4.4	1984	2019	대통령표창	미주방면

* 이 표는 국가보훈처 공훈전자사료관의 독립유공자 자료를 바탕으로 필자가 정리한 것임

이 책은 일제강점기, 불굴의 정신과 얼을
후대에 남긴 여성독립운동가 가운데
특별히 경기도 출신 여성독립운동가들의
얼과 삶을 엮은 것이다.

– 작가의 말 –

경기의 얼, 여성독립운동가 40인의 삶

ⓒ이윤옥, 단기 4353(2020)

초판 1쇄 펴낸 날 4353(2020)년 9월 28일

지 은 이 | 이윤옥
표지·편집디자인 | 명성진
박 은 곳 | 명 크리에이티브
펴 낸 곳 | 도서출판 얼레빗
등록일자 | 단기 4343년(2010) 5월 28일
등록번호 | 제000067호
주   소 | 경기도 고양시 일산동구 장항동 727-1 일산쌍용플래티넘 708호
전   화 | (02) 733-5027
전   송 | (02) 733-5028
누리편지 | pine9969@hanmail.net
I S B N | 979-11-85776-18-7

값 16,000원